쉬운예제로 실습하며 이해하는 제이쿼리 **최신판**

퍼펙트
제이쿼리

예제 + 응용

박정화 지음

나린출판사

쉬운예제로 실습하며 이해하는
퍼펙트 제이쿼리
ISBN 979-11-987623-0-6

저자 박정화
발행인 박정화
발행처 나린출판사
초판일 2024. 5. 20
이메일 narin.books45@gmail.com

기획 및 책임편집 박정화
디자인 박정화 | **교정교열** 문성일 | **제작** 박정화

이 책에 실린 모든 글과 사진, 일러스트를 포함한 디자인 및 편집 형태, 배포에 대한 권리는 박정화와 나린출판사에 있으므로 무단으로 전재하거나 복제, 배포할 수 없습니다.

저자 **박정화**

정보기술개발과 디자인 훈련교사 자격증을 보유하고 있으며, 웹디자인 실무 경력 10여년 그리고 웹디자인/웹퍼블리싱 양성 과정을 10여년 강의하고 있습니다.

퍼펙트 제이쿼리 학습서는 실무와 강의 경험을 토대로 내용을 엑기스화 하였으며 수록된 실전 예제는 배우면서 곧바로 사용할 수 있도록 구성되었습니다. 본 책자에 수록된 모든 예제는 URL(큐알코드)을 통해 즉시 테스트해 볼 수 있습니다. 여러분의 활기찬 지적 호기심과 용기있는 도전을 응원하며, 퍼펙트 제이쿼리는 새로운 목표를 향한 힘든 여정에 지름길이 되길 희망합니다.

무려 96개의 반응형웹 예제소스

기초부터 응용까지 한번에 학습할 수 있도록 알차게 구성된 96개의 웹 페이지형 소스는 요점 정리가 따로 필요하지 않습니다. 퍼펙트 제이쿼리는 그 자체로 요점 정리 된 제이쿼리 학습서입니다.

예제소스 URL(큐알코드)

예제소스는 완성되어 웹상에 공개되어 있습니다. 페이지를 찾기 위해 힘들게 타이핑해야 하는 노고를 대신하여 큐알코드를 휴대폰으로 촬영하기만 해도 예제 페이지로 즉시 링크 연결되고 결과를 테스트해 볼 수 있습니다.

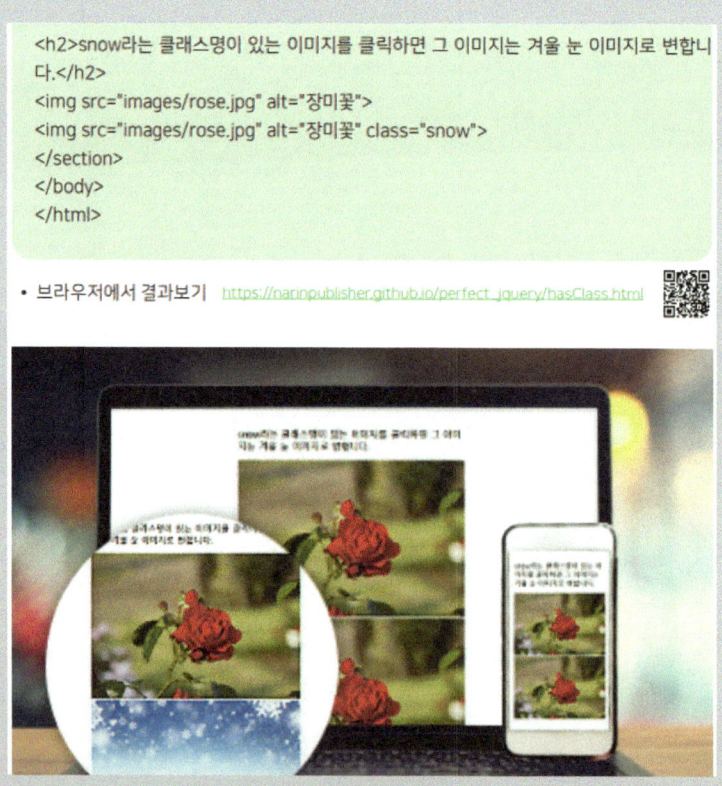

쉬운예제로 실습하며 이해하는 제이쿼리 **최신판**

퍼펙트 제이쿼리

예제 + 응용

박정화 지음

나린출판사

목차

CHAPTER 01 제이쿼리란

- 01. 제이쿼리 출발 012
- 01-01. 제이쿼리 012
- 01-02. 제이쿼리 사용 012
- 01-03. 제이쿼리 기본구문 013

CHAPTER 02 선택자

- 02. 제이쿼리 선택자 016
- 02-01. 전체 선택자 016
- 02-02. 요소 선택자 017
- 02-03. 아이디 선택자 019
- 02-04. 클래스 선택자 021
- 02-05. 자손 선택자 023
- 02-06. 형제 선택자 023
- 02-07. 종속 선택자 026
- 02-08. 다중 선택자 028
- 02-09. 속성 선택자 029
- 02-10. 가상 선택자 034

CHAPTER 효과 메서드

03. 효과 메서드	054
03-01. hide() 메서드	054
03-02. show() 메서드	056
03-03. fadeIn() 메서드	058
03-04. fadeOut() 메서드	060
03-05. fadeTo() 메서드	062
03-06. slideDown() 메서드	064
03-07. slideUp() 메서드	066
03-08. slideToggle() 메서드	068
03-09. toggle() 메서드	070
03-10. animate() 메서드	072
03-11. stop() 메서드	074
03-12. delay() 메서드	076

CHAPTER 이벤트 메서드

04. 이벤트 메서드	080
04-01. click() 이벤트 메서드	080
04-02. mouseup() 이벤트 메서드	082
01-03. 제이쿼리 기본구문	084
04-04. focus() 이벤트 메서드	084
04-05. blur() 이벤트 메서드	088
04-06. mouseenter() 이벤트 메서드	090
04-07. mouseleave() 이벤트 메서드	092
04-08. one() 이벤트 메서드	094
04-09. scroll() 이벤트 메서드	096

HTML/CSS 메서드

CHAPTER 05

05. HTML/CSS 메서드	100
05-01. addClass() 메서드	100
05-02. after() 메서드	102
05-03. append() 메서드	104
05-04. attr() 메서드	106
05-05. before() 메서드	108
05-06. css() 메서드	110
05-07. hasClass() 메서드	112
05-08. height() 메서드	114
05-09. outerHeight() 메서드	116
05-10. html() 메서드	118
05-11. offset() 메서드	120
05-12. position() 메서드	122
05-13. prepend() 메서드	124
05-14. prop() 메서드	126
05-15. text() 메서드	128
05-16. width() 메서드	130
05-17. innerWidth() 메서드	132

DOM 탐색 메서드

CHAPTER

06. DOM 탐색 메서드	136
06-01. children() 메서드	136
06-02. each() 메서드	138
06-03. eq() 메서드	140
06-04. filter() 메서드	142
06-05. find() 메서드	143
06-06. first() 메서드	146
06-07. has() 메서드	148
06-08. is() 메서드	150
06-09. last() 메서드	152
06-10. next() 메서드	154
06-11. nextAll() 메서드	156
06-12. nextUntil() 메서드	158
06-13. not() 메서드	160
06-14. parent() 메서드	162
06-15. parents() 메서드	164
06-16. parentsUntil() 메서드	166
06-17. prev() 메서드	168
06-18. prevAll() 메서드	170
06-19. siblings() 메서드	172
06-20. slice() 메서드	174

CHAPTER

01

01.	제이쿼리 출발	....	012
01-01.	제이쿼리?	....	012
01-02.	제이쿼리 사용	....	012
01-03.	제이쿼리 기본구문	....	013

쉬운예제로 실습하며 이해하는 퍼펙트 제이쿼리

제이쿼리란 무엇인가

01 제이쿼리 시작

01-01. 제이쿼리?

제이쿼리란 자바스크립트의 라이브러리로써 HTML DOM을 좀 더 쉽게 제어하기 위해 개발되었습니다.

- 제이쿼리를 배우려면 HTML과 CSS에 대해 알고 있어야 합니다.
- 자바스크립트에 대한 기초지식이 있어야 제이쿼리를 효율적으로사용 할 수 있습니다.

01-02. 제이쿼리 사용

웹 문서에서 제이쿼리를 사용하려면 라이브러리를 연결해야 합니다.
라이브러리를 연결하는 가장 쉬운 두가지 방법이 있습니다.

① 제이쿼리 라이브러리를 다운로드하여 연결한다.
② CDN (Content Delivery Network)를 사용하여 연결한다.

본 책자는 2번째 방법인 CDN 방법으로 작업하였으며, 제이쿼리를 즉시 테스트하고 사용할 수 있는 방법입니다.

◆ 마크업 샘플 01-02

```html
<!DOCTYPE html>
<html lang="ko">
<head>
<meta charset="utf-8">
<title>제이쿼리 메서드</title>

<script src="https://code.jquery.com/jquery-3.3.1.min.js"></script>

<script>
   $( document ).ready( function () {
     $( "#firstSection>img" ).click( function () {
        $( this ).animate( { marginLeft: "300px" } ) ;
     });
   });
</script>
```

```
        </head>
        <body>
            <div id="layout">
                <h1>제이쿼리 클릭 메서드</h1>
                <section id="firstSection">
                    <h2>이미지를 클릭하면 이미지가 오른쪽 방향으로 이동합니다.</h2>
                    <img src="images/snow.jpg" alt="겨울 눈">
                </section>
            </div>
        </body>
    </html>
```

01-03. 제이쿼리 기본구문

jQuery 구문은 HTML 요소를 선택하고 작업을 수행하기 쉽게 고안 되었습니다.

◈ 기본 구문

```
$(selector).method();
```

제이쿼리는 선택자(selector)를 쉽게 제어(action) 할 수 있습니다.

```
$("p").hide()            모든 <p> 요소를 숨깁니다.
$("section").show()      모든 <section> 요소를 보이게 합니다.
$(".test").fadeOut()     class 속성 이름이 "test"인 모든 요소를 부드럽게 숨깁니다.
$("#test").fadeIn()      id 속성 이름이 "test"인 요소를 부드럽게 보이게 합니다.
```

CHAPTER 02

02.	제이쿼리 선택자	....	016
02-01.	전체 선택자	....	016
02-02.	요소 선택자	....	017
02-03.	아이디 선택자	....	017
02-04.	클래스 선택자	....	019
02-05.	자손 선택자	....	021
02-06.	형제 선택자	....	023
02-07.	종속 선택자	....	026
02-08.	다중 선택자	....	028
02-09.	속성 선택자	....	029
02-10.	가상 선택자	....	034

쉬운예제로 십습하며 이해하는 퍼펙트 제이쿼리

제이쿼리
선택자

02 제이쿼리 선택자

02. 제이쿼리 선택자는

제이쿼리 선택자(selectors)는 다양한 방법으로 요소를 선택합니다. 본 책자는 전체 선택자, 요소 선택자, 아이디 선택자, 클래스 선택자, 자손 선택자, 형제 선택자, 종속 선택자, 그룹 선택자, 가상 선택자에 대해 학습합니다.

02-01. 전체 선택자

제이쿼리 전체 선택자는 웹 문서에서 모든 요소를 선택합니다.

◆ 구문

```
$("*").method();
```

다음예시는, 웹문서 내의 모든요소에 "skyblue" 배경색과 빨간색 3픽셀 굵기의 긴 점선 CSS 디자인을 설정합니다.

◆ 마크업 샘플 02-01

```
<!DOCTYPE html>
<html lang="ko">
<head>
<meta charset="utf-8">
<meta name="viewport" content="width=device-width">
<title>제이쿼리</title>
<script src="https://ajax.googleapis.com/ajax/libs/jquery/3.5.1/jquery.min.js"></script>
<script>
   $(document).ready(function(){  //DOM 계층 구조가 로드되면 함수를 실행 함.
      $("*").css( { "background-color": "skyblue" , "border" : "3px dashed red" } ) ;
   s});
</script>
</head>
<body>

   <h1>안녕하세요</h1>
```

```
    <p class="intro">제이쿼리 입문을 환영합니다^^</p>

</body>
</html>
```

- 브라우저에서 결과보기 https://narinpublisher.github.io/perfect_jquery/all-after.html

마크업 미리보기 화면 02-01

02-02. 요소 선택자

제이쿼리 요소 선택자는 header, p, div, footer 등 원하는 특정 요소들을 선택할 수 있습니다.

◆ 기본구문

```
$("element").method();
```

◆ 구문예시

```
$("section").show();
$("nav").show();
$("footer").show();
```

아래의 예시는,
웹 문서에 있는 모든 <header>요소에 CSS 디자인을 적용합니다. CSS 디자인 적용 결과로, <header>요소는 빨간색 배경이 적용되면서 내부 콘텐츠(텍스트)는 중앙정렬 됩니다.

◆ 마크업 샘플 02-02

```
<!DOCTYPE html>
<html lang="ko">
<head>
<meta charset="utf-8">
<meta name="viewport" content="width=device-width">
<title>제이쿼리 요소 선택자</title>
<script src="https://ajax.googleapis.com/ajax/libs/jquery/3.5.1/jquery.min.js"></script>

<script>
   $(document).ready(function(){
    $("header").css({"background-color": "gold" , "text-align" : "center"});
    });
</script>
</head>

<body>

   <header>
      <h1>제이쿼리 입문</h1>
   </header>
   <main>
      <p>제이쿼리 입문을 환영합니다^^</p>
   </main>

</body>
</html>
```

- 브라우저에서 결과보기 https://narinpublisher.github.io/perfect_jquery/element-after.html

마크업 미리보기 화면 02-02

02-03. 아이디 선택자

제이쿼리에서 아이디 선택자는 아이디 이름이 있는 특정 요소를 선택합니다.

◆ 구문

```
$("#idName").method();
```

- id 속성값은 하나의 웹 문서 내에서 유일해야 합니다.
- id 속성값은 숫자, 대문자, 특수문자로 시작하지 마세요. 예상치 않은 문제가 발생할 수 있기 때문입니다.

```
$("#35test").hide();      ........... X
$("#test").show();        ........... O
$("#test25").fadeOut();   ....... O
$("#test-7").fadeIn();    .......... O
```

다음 예시는, **id 속성값이 "easy"**인 요소에 CSS 디자인을 적용합니다. 해당 요소에 CSS 디자인이 적용되면 오렌지색 긴 점선 테두리, 요소 안에서 콘텐츠(텍스트)가 가로방향 오른쪽으로 정렬, 상하좌우 내부여백 10픽셀이 설정됩니다

◆ 마크업 샘플 02-03

- 작업전   https://narinpublisher.github.io/perfect_jquery/id-before.html
- 작업후   https://narinpublisher.github.io/perfect_jquery/id-after.html

```html
<!DOCTYPE html>
<html lang="ko">
<head>
<meta charset="utf-8">
<meta name="viewport" content="width=device-width">
<title>제이쿼리 아이디 선택자</title>
<script src="https://ajax.googleapis.com/ajax/libs/jquery/3.5.1/jquery.min.js"></script>
<script>
$(document).ready(function(){
    $("#easy").css({
        "border": "2px dashed orange" ,  "text-align" : "right" ,  "padding" : "10px"
    });
});
</script>
</head>
<body>

  <header>
    <h1>제이쿼리 입문</h1>
  </header>
  <main>
    <p>제이쿼리 입문을 환영합니다^^</p>
    <p id="easy">제이쿼리는 쉽습니다.</p>
  </main>

</body>
</html>
```

마크업 미리보기 화면 02-03

02-04. 클래스 선택자

제이쿼리에서 클래스 선택자는 class 속성값이 있는 특정 요소들을 선택할 수 있습니다.

◈ 구문

$(".className").method();

- class 속성값은 하나의 웹 문서 내에서 여러개가 있을 수 있습니다.
- class 속성값은 숫자, 대문자, 특수문자로 시작하지 마세요. 예상치 않은 문제가 발생할 수 있기 때문입니다.

$(" . %test").hide();   X
$(" . test").show();   .... O
$(" . test25").fadeOut(); ..... O
$(" . test-7").fadeIn(); .... O

다음 예시는, **class 속성값이 "tomato"**인 요소에 CSS 디자인을 적용합니다. 적용된 디자인은, 상단에는 토마토색 점선 테두리에 베이지색 배경이고 디스플레이 속성은 인라인블록입니다.

◈ 마크업 샘플 02-04

```html
<!DOCTYPE html>
<html lang="ko">
<head>
<meta charset="utf-8">
<meta name="viewport" content="width=device-width">
<title>제이쿼리 클래스 선택자</title>
<script src="https://ajax.googleapis.com/ajax/libs/jquery/3.5.1/jquery.min.js"></script>
<script>
$(document).ready(function(){
    $(".tomato").css({
        "border-top": "3px dotted tomato" , "background" : "beige" , "display" : "inline-block"
    });
});
</script>
</head>
<body>

<header>
    <h1 class="tomato">제이쿼리 입문</h1>
</header>
<main>
    <p>제이쿼리 입문을 환영합니다^^</p>
    <p>제이쿼리는 <span class="tomato">쉽습니다.</span></p>
</main>

</body>
</html>
```

- 브라우저에서 결과보기   https://narinpublisher.github.io/perfect_jquery/class-after.html

마크업 미리보기 화면 02-04

02-05. 자손 선택자

제이쿼리에서 자손 선택자는 지정선택자 내부에 있는 자손들을 선택합니다. 지정 요소 하위에 있는 자식, 손자, 증손자...가 자손 선택자에 해당 될 수 있습니다.

◆ 구문

$("지정선택자 자손").method();

- 지정 선택자와 자손 선택자는 부모와 자식 관계일 수 있습니다.
- 지정 선택자와 자손 선택자는 부모와 증손자 관계일 수 있습니다.

$("**header nav**").method();
$("**header nav a**").method();
$("**header #menu**").method();
$("**main .test**").method();

아래의 예시는, <ul>요소의 자손 중에서 <b>요소에 대하여, CSS 디자인을 설정합니다. 폰트체는 "serif", 상하좌우에 빨간색 점선 2픽셀 테두리 선, 배경은 노란색, 내부 상하좌우에 3픽셀의 여백을 <b>요소에 적용합니다.

◆ 마크업 샘플 02-05

```
<!DOCTYPE html>
<html lang="ko">
<head>
<meta charset="utf-8">
<meta name="viewport" content="width=device-width">
<title>제이쿼리</title>
<script src="https://ajax.googleapis.com/ajax/libs/jquery/3.5.1/jquery.min.js"></script>
<script>
$(document).ready(function(){
    $("ul b").css({
        "font-family": "serif" ,
        "border" : "2px dotted red" ,
        "background" : "yellow" ,
        "padding" : "3px"
    });
```

```
});
</script>
</head>
<body>

  <header>
    <h1 class="tomato">제이쿼리 입문</h1>
  </header>
  <ul>
    <li><b>제이쿼리</b> 입문을 환영합니다^^</li>
    <li><b>제이쿼리</b>는 쉽습니다.</li>
    <li>웹 문서에 좀더 쉽게 스크립팅하려면 <b>제이쿼리</b>를 사용하세요.</li>
  </ul>

</body>
</html>
```

- 브라우저에서 결과보기 https://narinpublisher.github.io/perfect_jquery/descendants-after.html

마크업 미리보기 화면 02-05

02-06. 형제 선택자

형제 선택자는 지정 선택자와 형제 관계인 요소들을 선택합니다.

◈ 구문

```
$("selector + selector")     //다음에 오는 형제 하나
$("selector ~ selector")     //다음에 오는 모든 형제들
```

아래의 예시는,
<section>요소 바로 다음에 오는 형제 요소 하나를 선택하여 CSS 디자인을 설정합니다.

◈ 마크업 샘플 02-06

```html
<!DOCTYPE html>
<html lang="ko">
<head>
<meta charset="utf-8">
<meta name="viewport" content="width=device-width">
<title>제이쿼리</title>
<script src="https://ajax.googleapis.com/ajax/libs/jquery/3.5.1/jquery.min.js"></script>
<script>
$(document).ready(function(){
    $("section+p").css({"font-style":"italic", "border":"2px dashed blue",  "background" : "aqua" , "padding" : "3.3pt"});
});
</script>
</head>
<body>

    <section>
        <h2>희망의 날개를 활짝 펴!</h2>
    </section>
    <p>자유롭게 세상을 날아봐!</p>
    <p>자유롭게 세상을 날아봐!</p>

</body>
</html>
```

• 브라우저에서 결과보기   https://narinpublisher.github.io/perfect_jquery/siblings-after.html

마크업 미리보기 화면 02-06

02-07. 종속 선택자

종속 선택자는 지정 요소들 중에서 아이디나 클래스가 일치하는 요소를 선택합니다.

◆ 구문

```
$("element#idName")      //지정요소 중에서 아이디명이 일치하는 요소
$("element.className")   //지정요소 중에서 클래스명이 일치하는 요소
```

아래의 예시는,
<p> 요소들 중에서 class 명이 "skyblue"인 요소를 선택하여 CSS 디자인을 적용합니다.

◆ 마크업 샘플 02-07

```
<!DOCTYPE html>
<html lang="ko">
<head>
<meta charset="utf-8">
<meta name="viewport" content="width=device-width">
<title>제이쿼리</title>
<script src="https://ajax.googleapis.com/ajax/libs/jquery/3.5.1/jquery.min.js"></script>
<script>
   $(document).ready(function(){
```

```
            $("p.skyblue").css({"font-style" : "italic" , "border" : "2px dashed blue" , "background" :
            "aqua" , "padding" : "3.3pt"});
        });
    </script>
    </head>
    <body>

        <section>
            <h2 class="skyblue">희망의 날개를 활짝 펴!</h2>
        </section>
        <p class="skyblue">자유롭게 세상을 날아봐!</p>
        <article>
            <h3 class="skyblue">높이 높이 날아봐~</h3>
        </article>
        <p class="skyblue">자유롭게 세상을 날아봐!</p>
        <footer>
            <p class="skyblue">희망의 날개를 활짝 펼쳐 봐!</p>
        </footer>
    </body>
</html>
```

- 브라우저에서 결과보기 https://narinpublisher.github.io/perfect_jquery/suspended-after.html

마크업 미리보기 화면 02-07

02-08. 다중 선택자

그룹 선택자는 다양한 형식의 요소들을 선택할 수 있습니다.

◆ 구문

$("element1 , element2 , element3 , ...")

아래의 예시는, <h2>, class="gold"인 <h3>, id="para_2" 이면서 class="gold"인 요소들에 대해 CSS 디자인을 설정합니다.

◆ 마크업 샘플 02-08

```html
<!DOCTYPE html>
<html lang="ko">
<head>
<meta charset="utf-8">
<meta name="viewport" content="width=device-width">
<title>제이쿼리</title>
<script src="https://ajax.googleapis.com/ajax/libs/jquery/3.5.1/jquery.min.js"></script>
<script>
   $(document).ready(function(){
      $("h2, h3.gold, #para_2.gold").css({"font-style": "italic",  "border": "2px dashed red" ,
      "background" : "gold", "padding" : "3.3pt"});
   });
</script>
</head>
<body>

   <section>
        <h2 class="gold">희망의 날개를 활짝 펴!</h2>
   </section>
   <p id="para_1">자유롭게 세상을 날아봐!</p>
   <article>
        <h3 class="gold">높이 높이 날아봐~</h3>
   </article>
   <p class="gold">자유롭게 세상을 날아봐!</p>
   <footer>
        <p id="para_2" class="gold">희망의 날개를 활짝 펼쳐 봐!</p>
   </footer>
</body>
</html>
```

- 브라우저에서 결과보기   https://narinpublisher.github.io/perfect_jquery/multiple-after.html

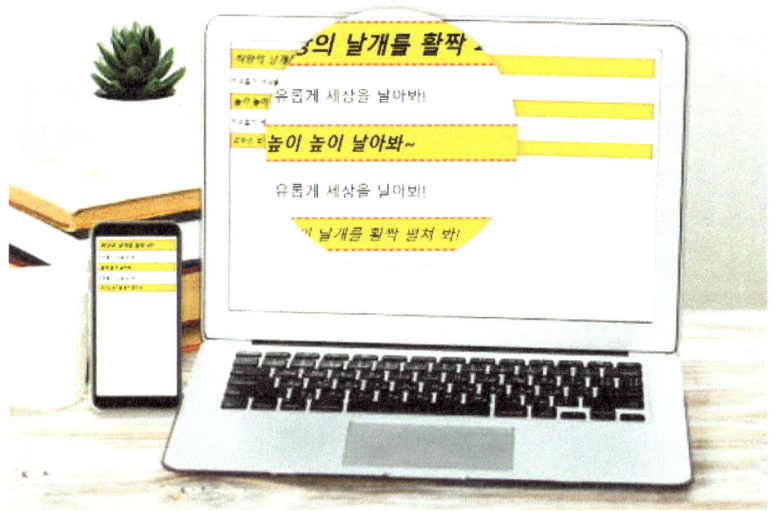

마크업 미리보기 화면 02-08

02-09. 속성 선택자

속성 선택자는 요소들 중에 일치하는 속성이 있는 요소들을 선택합니다.

02-09-A. $("[attribute]") 선택자

$("[attribute]") 선택자는 지정 속성이 있는 요소들을 선택합니다.

◆ 구문

$("[attribute]")

아래의 예시는, "target"라는 속성이 사용 된 요소들에 대하여 CSS 디자인을 설정합니다.

◆ 마크업 샘플 02-09-A.

```html
<!DOCTYPE html>
<html lang="ko">
<head>
<meta charset="utf-8">
<meta name="viewport" content="width=device-width">
<title>제이쿼리 속성 선택자</title>
<script src="https://ajax.googleapis.com/ajax/libs/jquery/3.5.1/jquery.min.js"></script>
<script>
  $(document).ready(function(){
    $("[target]").css({
        "font-style" : "italic" , "border" : "2px dotted  yellowgreen" , "padding" : "3.3pt"
    });
  });
</script>
</head>
<body>

  <section>
    <h2 class="gold">제이쿼리 정복을 향해 가즈아</h2>
    <a href="http://naver.com" target="_blank">네이버</a>
  </section>
  <p id="para_1">제이쿼리 정복에 날개를 달아봐</p>
  <article>
    <h3 class="gold">제이쿼리는 웹문서를 위한 자바스크립트 라이브러리</h3>
    <a href="http://naver.com">네이버</a>
  </article>
  <p class="gold">HTML에 제이쿼리 날개를 달자</p>
  <footer>
    <p id="para_2" class="gold">희망의 날개를 활짝 펼쳐 봐!</p>
    <a href="http://naver.com" target="_parent">네이버</a>
  </footer>
</body>
</html>
```

- 브라우저에서 결과보기   https://narinpublisher.github.io/perfect_jquery/attribute-after.html

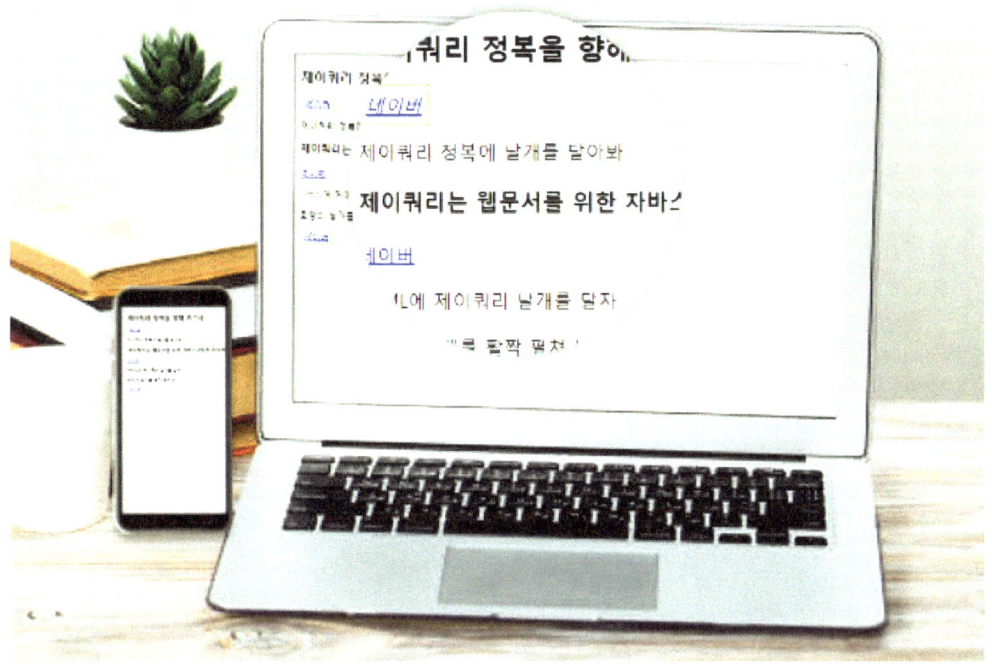

마크업 미리보기 화면 02-09-A

02-09-B. $("[attribute='value']") 선택자

$("[attribute='value']")는 웹 문서에서 일치하는 속성값을 가진 요소를 반환합니다.

◈ 구문

$("[attribute='value']")

아래의 예시는, target="_parent"라는 속성이 사용 된 요소들에 대하여 CSS 디자인을 설정합니다.

◈ 마크업 샘플 02-09-B

```
<!DOCTYPE html>
<html lang="ko">
<head>
    <meta charset="utf-8">
    <meta name="viewport" content="width=device-width">
    <title>제이쿼리</title>
```

```
    <script src="https://ajax.googleapis.com/ajax/libs/jquery/3.5.1/jquery.min.js"></script>
    <script>
      $( document ).ready( function () {
        $( "[target='_parent']" ).css({
          "font-style": "italic",  "background" : "yellowgreen",  "padding" : "3.3pt"
        });
      });
</script>
</head>
<body>
    <section>
        <h2 class="gold">제이쿼리 정복을 향해 가즈아</h2>
        <a href="http://naver.com" target="_blank">네이버</a>
    </section>
    <p id="para_1">제이쿼리 정복에 날개를 달아봐</p>
    <article>
        <h3 class="gold">제이쿼리는 웹문서를 위한 자바스크립트 라이브러리</h3>
        <a href="http://naver.com">네이버</a>
    </article>
    <p class="gold">HTML에 제이쿼리 날개를 달자</p>
    <footer>
        <p id="para_2" class="gold">희망의 날개를 활짝 펼쳐 봐!</p>
        <a href="http://naver.com" target="_parent">네이버</a>
    </footer>
</body>
</html>
```

- 브라우저에서 결과보기   https://narinpublisher.github.io/perfect_jquery/attribute+value-after.html

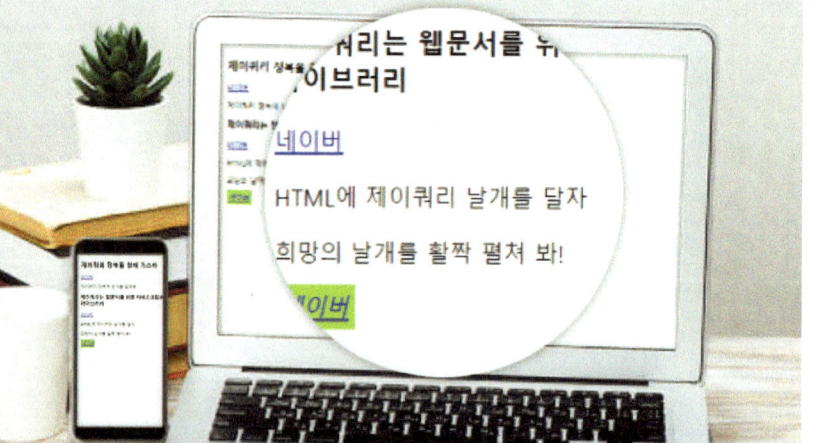

마크업 미리보기 화면 02-09-B

02-09-C. $("[attribute*='value']") 선택자

$("[attribute*='value']")는 해당 속성 값으로 지정 텍스트의 일부가 포함 된 요소를 반환합니다.

◆ 구문

$("**[attribute*='value']**")

아래의 예시는, "pink"라는 class 속성값이 포함 된 요소들에 대하여 CSS 디자인을 설정합니다.

◆ 마크업 샘플 02-09-C

```
<!DOCTYPE html>
<html lang="ko">
<head>
    <meta charset="utf-8">
    <meta name="viewport" content="width=device-width">
    <title>제이쿼리 속성 선택자</title>
    <script src="https://ajax.googleapis.com/ajax/libs/jquery/3.5.1/jquery.min.js"></script>
    <script>
      $(document).ready(function(){
          $("[class*='pink']").css( {
            "font-style" : "italic" ,"background" : "pink" , "padding" : "3.3pt" });
          });
    </script>
</head>
<body>

    <section>
        <h2 class="gold  yellow  pink9">제이쿼리 정복을 향해 가즈아</h2>
        <a href="http://naver.com" target="_blank">네이버</a>
    </section>
    <p id="para_1">제이쿼리 정복에 날개를 달아봐</p>
    <article>
        <h3 class="pink  gold  green">
        제이쿼리는 웹문서를 위한 자바스크립트 라이브러리
        </h3>
        <a href="http://naver.com">네이버</a>
    </article>
    <p class="blue gold deeppink_1">HTML에 제이쿼리 날개를 달자</p>
    <footer>
```

```
            <p id="para_2" class="gold">희망의 날개를 활짝 펼쳐 봐!</p>
            <a href="http://naver.com" target="_parent">네이버</a>
        </footer>
    </body>
</html>
```

- 브라우저에서 결과보기 https://narinpublisher.github.io/perfect_jquery/attribute+value+1-after.html

마크업 미리보기 화면 02-09-C

02-10. 가상 선택자

가상 선택자는 지정 조건에 해당되는 요소들을 반환합니다.

02-10-A. $("selector:even") 선택자

$("selector:even")은 지정 요소들 중 index가 짝수 (0,2,4,8,...)인 요소들을 반환합니다.

◆ 구문

$("selector:even")

아래의 예시는,
"href" 속성을 사용하는 요소들에 대해서, index가 짝수(0,2,4,6,8,...)인 요소에 대해서 CSS 디자인을 적용합니다.

◆ 마크업 샘플 02-10-A.

```html
<!DOCTYPE html>
<html lang="ko">
<head>
    <meta charset="utf-8">
    <meta name="viewport" content="width=device-width">
    <title>제이쿼리 가상 선택자</title>
    <script src="https://ajax.googleapis.com/ajax/libs/jquery/3.5.1/jquery.min.js"></script>
    <script>
        $(document).ready(function(){
            $( "a:even" ).css( { "font-style" : "italic" , "background" : "pink" , "padding" : "3.3pt" } ) ;
        });
    </script>
</head>
<body>
    <section>
        <h2 class="gold yellow pink9">제이쿼리 정복을 향해 가즈아</h2>
            <a href="http://samsung.com" target="_top">삼성</a>                    ⓪
            <a href="http://apple.com" target="_blank">애플</a>
            <a href="http://adobe.com" target="_blank">어도비</a>                   ②
    </section>
    <p id="para_1">제이쿼리 정복에 날개를 달아봐</p>
    <article>
        <h3 class="pink gold green">
            제이쿼리는 웹문서를 위한 자바스크립트 라이브러리
        </h3>
        <a href="http://samsung.com" target="_top">삼성</a>
        <a href="http://apple.com" target="_blank">애플</a>                        ④
        <a href="http://adobe.com" target="_blank">어도비</a>
    </article>
    <p class="blue gold deeppink_1">HTML에 제이쿼리 날개를 달자</p>
    <footer>
        <p id="para_2" class="gold">희망의 날개를 활짝 펼쳐 봐!</p>
        <a href="http://samsung.com" target="_top">삼성</a>                        ⑥
        <a href="http://apple.com" target="_blank">애플</a>
        <a href="http://adobe.com" target="_blank">어도비</a>                       ⑧
    </footer>
</body>
</html>
```

- 브라우저에서 결과보기 https://narinpublisher.github.io/perfect_jquery/even-after.html

마크업 미리보기 화면 02-10-A

02-10-B. $("selector:odd") 선택자

$("selector:odd")는 지정 요소들 중 index가 홀수(1,3,5,7,9,...)인 요소들을 반환합니다.

◈ 구문

$("selector:odd")

아래의 예시는, "href" 속성을 사용하는 요소들에 대해서, index가 홀수(1, 3, 5, 7, 9,...)인 요소에 대해서 CSS 디자인을 적용합니다.

◈ 마크업 샘플 02-10-B.

```
<!DOCTYPE html>
<html lang="ko">
<head>
  <meta charset="utf-8">
```

```html
    <meta name="viewport" content="width=device-width">
    <title>제이쿼리 가상 선택자</title>
    <script src="https://ajax.googleapis.com/ajax/libs/jquery/3.5.1/jquery.min.js"></script>
    <script>
      $( document ).ready( function () {
        $( "[href]:odd" ).css( {
          "font-weight" : "bold" , "background" : "orange" ,  "padding" : "5pt"
        } );
      } );
    </script>
  </head>
  <body>
    <section>
      <h2 class="gold yellow pink9">제이쿼리 정복을 향해 가즈아</h2>
        <a href="http://samsung.com" target="_top">삼성</a>
        <a href="http://apple.com" target="_blank">애플</a>              ---------- ①
        <a href="http://adobe.com" target="_blank">어도비</a>
    </section>
    <p id="para_1">제이쿼리 정복에 날개를 달아봐</p>
    <article>
          <h3 class="pink gold green">
            제이쿼리는 웹문서를 위한 자바스크립트 라이브러리
          </h3>
          <a href="http://samsung.com" target="_top">삼성</a>             ---------- ③
          <a href="http://apple.com" target="_blank">애플</a>
          <a href="http://adobe.com" target="_blank">어도비</a>            ---------- ⑤
    </article>
    <p class="blue gold deeppink_1">HTML에 제이쿼리 날개를 달자</p>
    <footer>
      <p id="para_2" class="gold">희망의 날개를 활짝 펼쳐 봐!</p>
      <a href="http://samsung.com" target="_top">삼성</a>
      <a href="http://apple.com" target="_blank">애플</a>                ---------- ⑦
      <a href="http://adobe.com" target="_blank">어도비</a>
    </footer>
  </body>
</html>
```

- 브라우저에서 결과보기 https://narinpublisher.github.io/perfect_jquery/odd-after.html

마크업 미리보기 화면 02-10-B

02-10-C. $("selector:first") 선택자

$("selector:first")는 지정 요소들 중에서 첫번째에 해당하는 요소를 반환합니다.

◆ 구문

$("selector:first")

아래의 예시는, <article>요소의 자손 중에서 첫번째 <a>요소에 CSS 디자인을 적용합니다.

◆ 마크업 샘플 02-10-C.

```
<!DOCTYPE html>
<html lang="ko">
<head>
  <meta charset="utf-8">
  <meta name="viewport" content="width=device-width">
  <title>제이쿼리</title>
  <script src="https://ajax.googleapis.com/ajax/libs/jquery/3.5.1/jquery.min.js"></script>
  <script>
    $(document).ready(function(){
      $("article a:first").css({ "font-style" : "italic" , "background": "aqua" , "padding" : "10pt" });
```

```
    });
  </script>
</head>
<body>
<section>
    <h2 class="gold yellow pink9">제이쿼리 정복을 향해 가즈아</h2>
    <a href="http://samsung.com" target="_top">삼성</a>
    <a href="http://apple.com" target="_blank">애플</a>
    <a href="http://adobe.com" target="_blank">어도비</a>
</section>
<p id="para_1">제이쿼리 정복에 날개를 달아봐</p>
<article>
    <h3 class="pink gold green">제이쿼리는 웹문서를 위한 자바스크립트 라이브러리</h3>
    <a href="http://samsung.com" target="_top">삼성</a>
    <a href="http://apple.com" target="_blank">애플</a>
    <a href="http://adobe.com" target="_blank">어도비</a>
</article>
<p class="blue gold deeppink_1">HTML에 제이쿼리 날개를 달자</p>
<footer>
    <p id="para_2" class="gold">희망의 날개를 활짝 펼쳐 봐!</p>
    <a href="http://samsung.com" target="_top">삼성</a>
    <a href="http://apple.com" target="_blank">애플</a>
    <a href="http://adobe.com" target="_blank">어도비</a>
</footer>
</body>
</html>
```

- 브라우저에서 결과보기 https://narinpublisher.github.io/perfect_jquery/first-after.html

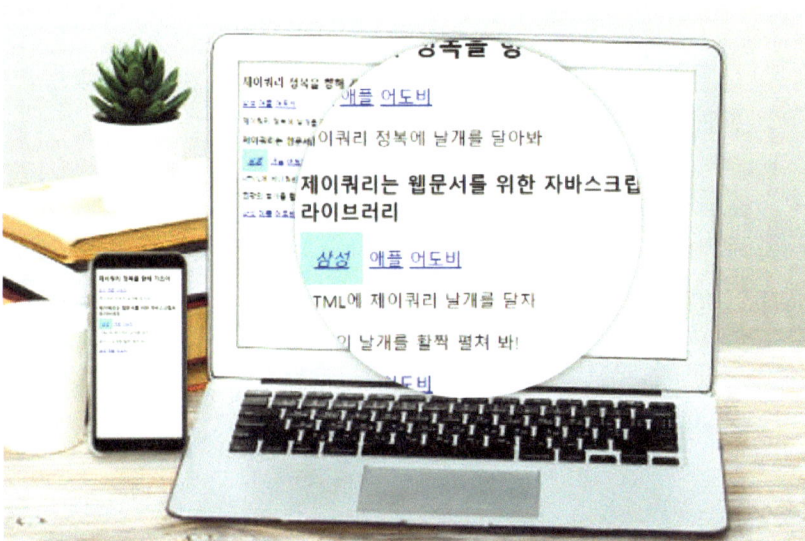

마크업 미리보기 화면 02-10-C

02-10-D. $("selector:last") 선택자

$("selector:last")는 지정 요소 중에서 마지막 번째 요소를 반환합니다.

◆ 구문

$("select:last")

아래의 예시는, <section> 요소들의 자손 중에서 마지막 <a>요소에 대해 CSS 디자인을 적용합니다.

◆ 마크업 샘플 02-10-D.

```
<!DOCTYPE html>
<html lang="ko">
<head>
  <meta charset="utf-8">
  <meta name="viewport" content="width=device-width">
  <title>제이쿼리</title>
  <script src="https://ajax.googleapis.com/ajax/libs/jquery/3.5.1/jquery.min.js"></script>
  <script>
    $(document).ready(function(){
      $("section a:last").css({"font-style": "italic" , "background": "aqua", "padding" : "3.3pt"});
    });
  </script>
</head>
<body>
  <section>
      <h2 class="gold yellow pink9">제이쿼리 정복을 향해 가즈아</h2>
      <a href="http://samsung.com" target="_top">삼성</a>
      <a href="http://apple.com" target="_blank">애플</a>
      <a href="http://adobe.com" target="_blank">어도비</a>
  </section>
  <p id="para_1">제이쿼리 정복에 날개를 달아봐</p>
  <article>
      <h3 class="pink gold green">
          제이쿼리는 웹문서를 위한 자바스크립트 라이브러리
      </h3>
      <a href="http://samsung.com" target="_top">삼성</a>
      <a href="http://apple.com" target="_blank">애플</a>
      <a href="http://adobe.com" target="_blank">어도비</a>
  </article>
  <p class="blue gold deeppink_1">HTML에 제이쿼리 날개를 달자</p>
  <footer>
```

```
            <p id="para_2" class="gold">희망의 날개를 활짝 펼쳐 봐!</p>
            <a href="http://samsung.com" target="_top">삼성</a>
            <a href="http://apple.com" target="_blank">애플</a>
            <a href="http://adobe.com" target="_blank">어도비</a>
        </footer>
    </body>
</html>
```

- 브라우저에서 결과보기 https://narinpublisher.github.io/perfect_jquery/last-after.html

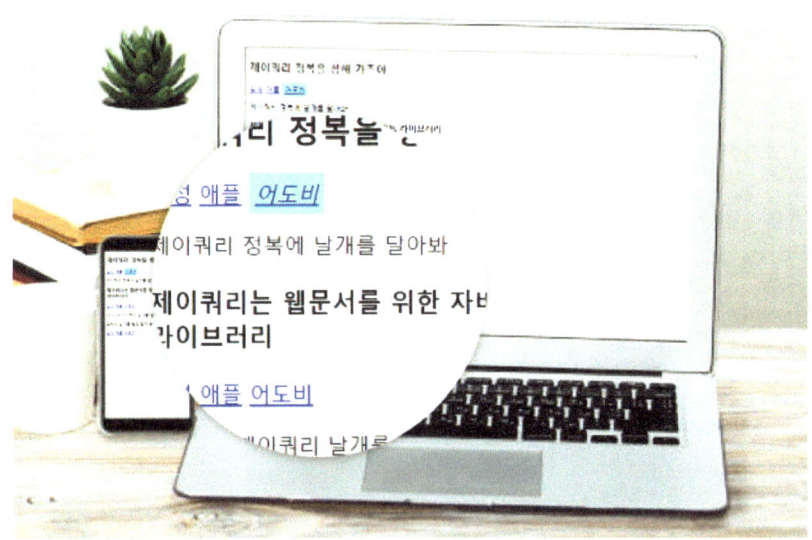

마크업 미리보기 화면 02-10-D

02-10-E. $(":header") 선택자

$(":header")는 머릿글 (h1~h6) 요소를 모두 반환합니다.

◆ 구문

$(":header")

다음 예시는, 모든 머릿글 요소 즉, <h1>~<h6>에 CSS 디자인을 적용합니다.

◆ 마크업 샘플 02-10-E.

```html
<!DOCTYPE html>
<html lang="ko">
<head>
    <meta charset="utf-8">
    <meta name="viewport" content="width=device-width">
    <title>제이쿼리</title>
    <script src="https://ajax.googleapis.com/ajax/libs/jquery/3.5.1/jquery.min.js"></script>
    <script>
        $(document).ready(function(){
            $(":header" ).css({ "font-style": "italic", "background": "aqua", "padding" : "3.3pt" });
        });
    </script>
</head>
<body>
    <section>
        <h2 class="gold yellow pink9">제이쿼리 정복을 향해 가즈아</h2>
        <a href="http://samsung.com" target="_top">삼성</a>
        <a href="http://apple.com" target="_blank">애플</a>
        <a href="http://adobe.com" target="_blank">어도비</a>
    </section>
    <p id="para_1">제이쿼리 정복에 날개를 달아봐</p>
    <article>
        <h3 class="pink gold green">제이쿼리는 웹문서를 위한 자바스크립트 라이브러리</h3>
        <a href="http://samsung.com" target="_top">삼성</a>
        <a href="http://apple.com" target="_blank">애플</a>
        <a href="http://adobe.com" target="_blank">어도비</a>
    </article>
    <p class="blue gold deeppink_1">HTML에 제이쿼리 날개를 달자</p>
    <footer>
        <p id="para_2" class="gold">희망의 날개를 활짝 펼쳐 봐!</p>
        <a href="http://samsung.com" target="_top">삼성</a>
        <a href="http://apple.com" target="_blank">애플</a>
        <a href="http://adobe.com" target="_blank">어도비</a>
    </footer>
</body>
</html>
```

- 브라우저에서 결과보기   https://narinpublisher.github.io/perfect_jquery/header-after.html

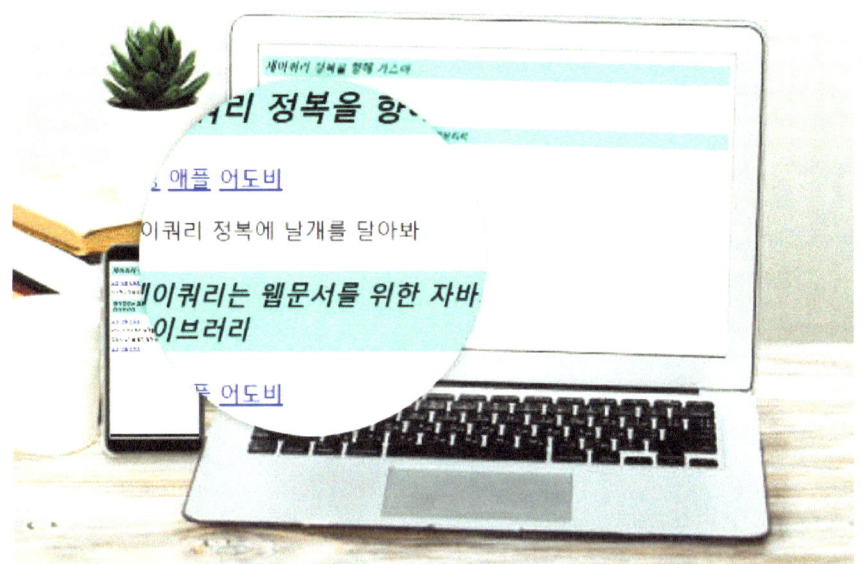

마크업 미리보기 화면 02-10-E

02-10-F. $("selector:eq(n)") 선택자

$("selector:eq(n)")는 지정 요소 중에서 index 번호가 n인 요소를 반환합니다.

◆ 구문

$("selector:eq(n)")

아래의 예시는, <article>요소의 자손 중에서 index 1인 요소에 대해 CSS를 적용합니다. (index 0인 요소는 h3)

◆ 마크업 샘플 02-10-F.

```
<!DOCTYPE html>
<html lang="ko">
<head>
  <meta charset="utf-8">
  <meta name="viewport" content="width=device-width">
  <title>제이쿼리 가상 선택자</title>
  <script src="https://ajax.googleapis.com/ajax/libs/jquery/3.5.1/jquery.min.js"></script>
  <script>
    $(document).ready(function(){
      $("article    :eq(1)").css({ "font-style": "italic", "background": "aqua", "padding" : "3.3pt"});
```

```html
      });
    </script>
  </head>
  <body>
    <section>
      <h2 class="gold yellow pink9">제이쿼리 정복을 향해 가즈아</h2>
      <a href="http://samsung.com" target="_top">삼성</a>
      <a href="http://apple.com" target="_blank">애플</a>
      <a href="http://adobe.com" target="_blank">어도비</a>
    </section>
    <p id="para_1">제이쿼리 정복에 날개를 달아봐</p>
    <article>
      <h3 class="pink gold green"> 제이쿼리는 웹문서를 위한 자바스크립트 라이브러리 </h3>          ⓪
      <a href="http://samsung.com" target="_top">삼성</a>                                    ----------①
      <a href="http://apple.com" target="_blank">애플</a>                                    ----------②
      <a href="http://adobe.com" target="_blank">어도비</a>                                   ----------③
    </article>
    <p class="blue gold deeppink_1">HTML에 제이쿼리 날개를 달자</p>
    <footer>
      <p id="para_2" class="gold">희망의 날개를 활짝 펼쳐 봐!</p>
      <a href="http://samsung.com" target="_top">삼성</a>
      <a href="http://apple.com" target="_blank">애플</a>
      <a href="http://adobe.com" target="_blank">어도비</a>
    </footer>
  </body>
</html>
```

- 브라우저에서 결과보기 https://narinpublisher.github.io/perfect_jquery/eq-after.html

마크업 미리보기 화면 02-10-F

02-10-G. $("selector:gt(n)") 선택자

$("selector:gt(n)")은 해당하는 요소들 중에서 index가 n보다 큰 요소들을 선택합니다.

◆ 구문

$("selector:gt(n)")

아래의 예시는, <a> 중에서 index 2보다 큰 (greater than) 요소들에 대해 CSS 디자인을 적용합니다.

◆ 마크업 샘플 02-10-G.

```
<!DOCTYPE html>
<html lang="ko">
<head>
<meta charset="utf-8">
<meta name="viewport" content="width=device-width">
<title>제이쿼리</title>
<script src="https://ajax.googleapis.com/ajax/libs/jquery/3.5.1/jquery.min.js"></script>
<script>
$(document).ready(function(){
    $(" a:gt(2)").css({"font-style" : "italic" , "background" : "aqua" , "padding" : "3.3pt"});
});
</script>
</head>
<body>
<section>
    <h2 class="gold  yellow  pink9">제이쿼리 정복을 향해 가즈아</h2>
    <a  href="http://samsung.com"  target="_top">삼성</a>                    ---------⓪
    <a  href="http://apple.com"  target="_blank">애플</a>                    ---------①
    <a  href="http://adobe.com"  target="_blank">어도비</a>                   ---------②
</section>
<p  id="para_1">제이쿼리 정복에 날개를 달아봐</p>
<article>
    <h3 class="pink gold green">제이쿼리는 웹문서를 위한 자바스크립트 라이브러리</h3>
    <a href="http://samsung.com" target="_top">삼성</a>                      ---------③
    <a href="http://apple.com" target="_blank">애플</a>                      ---------④
    <a href="http://adobe.com" target="_blank">어도비</a>                     ---------⑤
</article>
<p class="blue gold deeppink_1">HTML에 제이쿼리 날개를 달자</p>
<footer>
    <p id="para_2" class="gold">희망의 날개를 활짝 펼쳐 봐!</p>
```

```
            <a href="http://samsung.com" target="_top">삼성</a>                    ⑥
            <a href="http://apple.com" target="_blank">애플</a>                    ⑦
            <a href="http://adobe.com" target="_blank">어도비</a>                   ⑧
        </footer>
    </body>
</html>
```

- 브라우저에서 결과보기   https://narinpublisher.github.io/perfect_jquery/gt-after.html

마크업 미리보기 화면 02-10-G

02-10-H. $("selector:lt(n)") 선택자

$("selector:lt(n)")은 해당하는 요소들 중에서 index n보다 작은 요소들을 선택합니다.

◆ 구문

$("selector:lt(n)")

다음 예시는, <a> 중에서 index 7보다 작은(less than) 요소들에 대해 CSS 디자인을 적용합니다.

◆ 마크업 샘플 02-10-H.

```
<!DOCTYPE html>
<html lang="ko">
<head>
  <meta charset="utf-8">
  <meta name="viewport" content="width=device-width">
  <title>제이쿼리 가상 선택자</title>
  <script src="https://ajax.googleapis.com/ajax/libs/jquery/3.5.1/jquery.min.js"></script>
  <script>
    $(document).ready(function(){
      $("a:lt(7)").css({"font-style": "italic", "background": "aqua", "padding" : "3.3pt"});
    });
  </script>
</head>
<body>
  <section>
    <h2 class="gold yellow pink9">제이쿼리 정복을 향해 가즈아</h2>
    <a href="http://samsung.com" target="_top">삼성</a>           -------- ⓪
    <a href="http://apple.com" target="_blank">애플</a>           -------- ①
    <a href="http://adobe.com" target="_blank">어도비</a>          -------- ②
  </section>
  <p id="para_1">제이쿼리 정복에 날개를 달아봐</p>
  <article>
    <h3 class="pink gold green">제이쿼리는 웹문서를 위한 자바스크립트 라이브러리</h3>
    <a href="http://samsung.com" target="_top">삼성</a>           -------- ③
    <a href="http://apple.com" target="_blank">애플</a>           -------- ④
    <a href="http://adobe.com" target="_blank">어도비</a>          -------- ⑤
  </article>
  <p class="blue gold deeppink_1">HTML에 제이쿼리 날개를 달자</p>
  <footer>
    <p id="para_2" class="gold">희망의 날개를 활짝 펼쳐 봐!</p>
    <a href="http://samsung.com" target="_top">삼성</a>           -------- ⑥
    <a href="http://apple.com" target="_blank">애플</a>           -------- ⑦
    <a href="http://adobe.com" target="_blank">어도비</a>          -------- ⑧
  </footer>
</body>
</html>
```

• 브라우저에서 결과보기 https://narinpublisher.github.io/perfect_jquery/lt-after.html

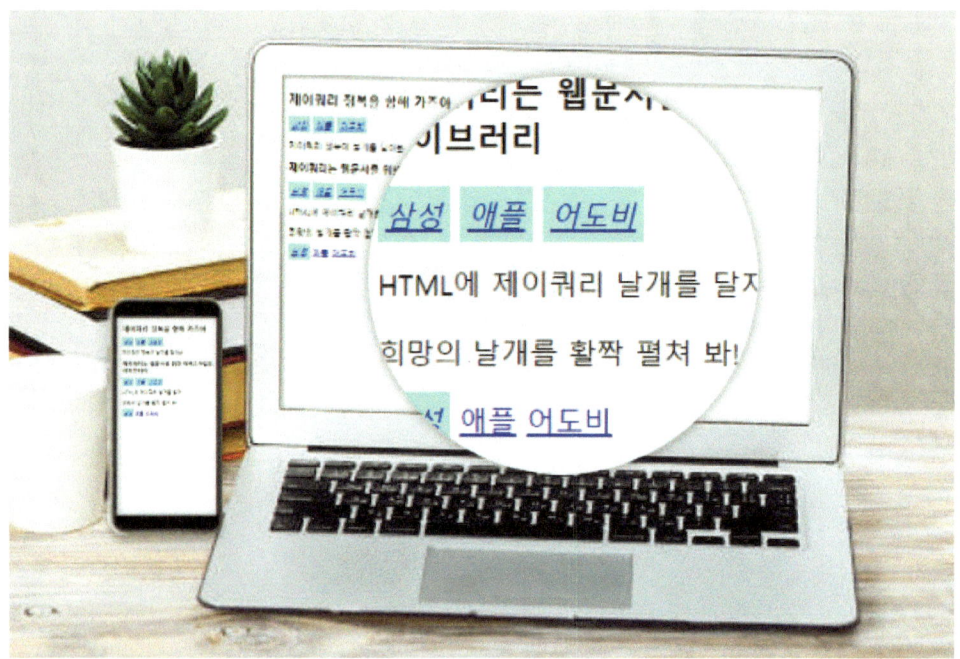

마크업 미리보기 화면 02-10-H

02-10-I. $("selector:not(조건)") 선택자

$("selector:not(조건)")은 해당하는 요소들 중에서 어떤 조건 (예_ 요소명, 아이디, 클래스, 형제/자손관계)에 해당하지 않는 요소들을 선택합니다.

◆ 구문

$("selector:not(조건)")

아래의 예시는, class="pink" 중에서 <h3>이 아닌 요소들을 찾아서 CSS 디자인을 적용합니다.

◆ 마크업 샘플 02-01-11-I.

```
<!DOCTYPE html>
<html lang="ko">
<head>
  <meta charset="utf-8">
  <meta name="viewport" content="width=device-width">
  <title>제이쿼리 가상 선택자</title>
```

```
<script src="https://ajax.googleapis.com/ajax/libs/jquery/3.5.1/jquery.min.js"></script>
<script>
    $ (document ).ready( function() {
      $(".pink:not(h3)").css({"font-style": "italic" ,"background" : "pink" , "padding" : "3.3pt"});
    });
</script>
</head>
<body>
  <section>
<h2 class="gold yellow pink">제이쿼리 정복을 향해 가즈아</h2>
<a href="http://samsung.com" target="_top">삼성</a>
<a href="http://apple.com" target="_blank">애플</a>
<a href="http://adobe.com" target="_blank">어도비</a>
 </section>
 <p id="para_1">제이쿼리 정복에 날개를 달아봐</p>
 <article>
<h3 class="pink gold green">제이쿼리는 웹문서를 위한 자바스크립트 라이브러리</h3>
<a href="http://samsung.com" target="_top">삼성</a>
<a href="http://apple.com" target="_blank">애플</a>
<a href="http://adobe.com" target="_blank">어도비</a>
 </article>
 <p class="blue gold pink">HTML에 제이쿼리 날개를 달자</p>
 <footer>
<p id="para_2" class="gold">희망의 날개를 활짝 펼쳐 봐!</p>
<a href="http://samsung.com" target="_top">삼성</a>
<a href="http://apple.com" target="_blank">애플</a>
<a href="http://adobe.com" target="_blank">어도비</a>
 </footer>
</body>
</html>
```

- 브라우저에서 결과보기 https://narinpublisher.github.io/perfect_jquery/not-after.html

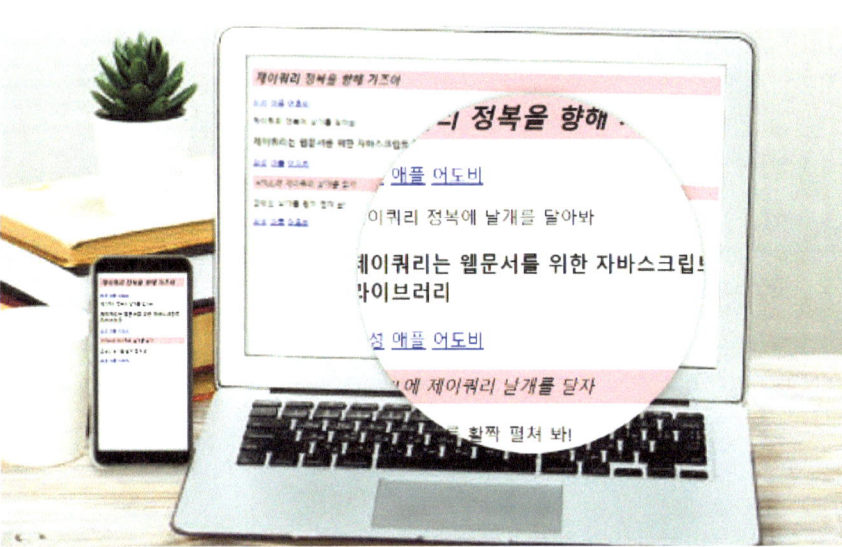

마크업 미리보기 화면 02-10-I

02-10-J. $(":animated") 선택자

$(":animated") 선택자는 움직이는 스크립트가 설정 된 요소들을 반환합니다.

◈ 구문

$(":animated")

아래의 예시는, 움직이는 스크립트가 설정 된 모든 <a> 요소들을 찾아서 CSS 디자인을 적용합니다.

◈ 마크업 샘플 02-10-J.

```
<!DOCTYPE html>
<html lang="ko">
<head>
  <meta charset="utf-8">
  <meta name="viewport" content="width=device-width">
  <title>제이쿼리 가상 선택자</title>
  <script src="https://ajax.googleapis.com/ajax/libs/jquery/3.5.1/jquery.min.js"></script>
  <script>
    $(document).ready(function(){
      $(".gold").slideUp(1500);
      $("a:animated").css({ "font-style" : "italic" , "background" : "yellow" , "padding" : "5pt" });
    });
  </script>
</head>
<body>
  <section>
    <h2 >제이쿼리 정복을 향해 가즈아</h2>
    <a href="http://samsung.com" target="_top" class="gold yellow pink">삼성</a>
    <a href="http://apple.com" target="_blank">애플</a>
    <a href="http://adobe.com" target="_blank">어도비</a>
  </section>
  <p id="para_1">제이쿼리 정복에 날개를 달아봐</p>
  <article>
    <h3 class="pink gold green">제이쿼리는 웹문서를 위한 자바스크립트 라이브러리</h3>
    <a href="http://samsung.com" target="_top">삼성</a>
    <a href="http://apple.com" target="_blank">애플</a>
    <a href="http://adobe.com" target="_blank">어도비</a>
  </article>
  <p class="blue gold pink">HTML에 제이쿼리 날개를 달자</p>
  <footer>
```

```
        <p id="para_2" class="gold">희망의 날개를 활짝 펼쳐 봐!</p>
        <a href="http://samsung.com" target="_top">삼성</a>
        <a href="http://apple.com" target="_blank">애플</a>
        <a href="http://adobe.com" target="_blank">어도비</a>
    </footer>
</body>
</html>
```

- 브라우저에서 결과보기 https://narinpublisher.github.io/perfect_jquery/animated-after.html

마크업 미리보기 화면 02-10-J

CHAPTER 03

03.	효과 메서드	054
03-01.	hide() 메서드	054
03-02.	show() 메서드	056
03-03.	fadeIn() 메서드	058
03-04.	fadeOut() 메서드	060
03-05.	fadeTo() 메서드	062
03-06.	slideDown() 메서드	064
03-07.	slideUp() 메서드	066
03-08.	slideToggle() 메서드	068
03-09.	toggle() 메서드	070
03-10.	animate() 메서드	072
03-11.	stop() 메서드	074
03-12.	delay() 메서드	076

쉬운예제로 실습하며 이해하는 퍼펙트 제이쿼리

효과
메서드

03 제이쿼리 효과 메소드

- 제이쿼리 메서드는 태그 요소를 필터링하거나 제어하거나 동작하게 합니다.
- 제이쿼리 Effect Methods (효과 메서드)는 선택한 요소(elements)에 즉시 효과(effect)를 적용합니다.

본 책자에서는 hide(), show(), fadeIn(), fadeOut(), fadeTo(), slideDown(). slideUp(), slideToggle(), toggle(), animate(), stop(), delay() 에 대해 학습합니다.

03-01. hide() 메서드

hide() 메서드는 HTML 요소를 숨길 수 있으며, 매개변수를 사용하면 속도를 조절할 수도 있습니다.

◆ 구문

$(selector).hide();

◆ more

$(selector).hide(speed, easing, callback);
$(선택자).hide(속도, 구간별속도, 콜백함수); <= 기본이 아닌 옵션입니다.
* **속도:** "slow" 또는 "hide" 또는 밀리초 값 (1초=1000)
* **구간별속도:** "swing" 또는 "linear"
    - "swing" : 처음/끝에서 느리게 움직이지만 중간 구간에서는 빠르게 움직입니다.
    - "linear" : 일정한 속도로 실행됩니다.
* **콜백함수:** (시간이 필요한) 메서드가 끝난 후 할 일이 있을 때 사용할 수 있습니다.
    - 예: function(){ 할 일 }

아래의 예시는, 꽃 이미지를 클릭하면 그것(이미지)이 숨겨집니다.

◆ 마크업 샘플 03-01.

- 작업전 https://narinpublisher.github.io/perfect_jquery/hide-before.html
- 작업후 https://narinpublisher.github.io/perfect_jquery/hide-after.html

```
<!DOCTYPE html>
<html lang="ko">
<head>
    <meta charset="utf-8">
    <meta name="viewport" content="width=device-width">
```

```html
<title>제이쿼리 hide() 메서드</title>
<script src="https://ajax.googleapis.com/ajax/libs/jquery/3.5.1/jquery.min.js"></script>
<script>
  $(document).ready(function(){
    $("#firstSection>img").click(function(){
      $(this).hide();
    });
  });
</script>
<style>
  html,body {box-sizing:border-box;}
  #layout {width:350pt; margin:auto;}
  #firstSection>img {width:100%; border-radius:10pt;}
</style>
</head>
<body>
  <div id="layout">
    <h1>hide()메서드</h1>
    <section id="firstSection">
      <h2>이미지를 클릭하면 이미지가 숨겨집니다.</h2>
      <img src="flower.jpg" alt="벚꽃 이미지">
      <ul>
        <li>hide()메서드는 선택한 요소를 숨깁니다.</li>
        <li>이 기능은 CSS속성에서 display:none;과 비슷합니다.</li>
        <li>숨겨진 요소는 보이지 않습니다.</li>
        <li>숨겨진 요소를 표시하려면 show()메서드를 사용할 수 있습니다.</li>
      </ul>
    </section>
  </div>
</body>
</html>
```

- 브라우저에서 결과보기   https://narinpublisher.github.io/perfect_jquery/hide.html

마크업 미리보기 화면 03-01

03-02. show() 메서드

show()메서드는 숨겨진 요소를 보여줍니다.

◆ 구문

$(selector).show( );
$(선택자).show(속도, 구간별속도, 콜백함수);   <= 모든 매개변수는 기본이 아닌 옵션입니다.

◆ more

$(selector).show(speed, easing, callback);
$(선택자).hide(속도, 구간별속도, 콜백함수);   <= 기본이 아닌 옵션입니다
* **속도**: "slow" 또는 "hide" 또는 밀리초 값 (1초=1000)
* **구간별속도**: "swing" 또는 "linear"
   - "swing" : 처음/끝에서 느리게 움직이지만 중간 구간에서는 빠르게 움직입니다.
   - "linear" : 일정한 속도로 실행됩니다.
* **콜백함수**: (시간이 필요한) 메서드가 끝난 후 할 일이 있을 때 사용할 수 있습니다.
   - 예: function(){ 할 일 }

아래의 예시는, 이미지를 클릭하면 이미지 아래에 있는 숨겨진 목록이 보여 집니다.

◆ 마크업 샘플 03-02.

```
<!DOCTYPE html>
<html lang="ko">
<head>
  <meta charset="utf-8">
  <meta name="viewport" content="width=device-width">
  <title>제이쿼리 show() 메서드</title>
  script src="https://code.jquery.com/jquery-3.3.1.slim.min.js"></script>
  <script>
    $(document).ready(function(){
      $("#firstSection>img").click(function(){
        $(this).next().show();
      });
    });
  </script>
```

```
  <style>
    html,body {box-sizing:border-box;}
    #layout {width:350pt; margin:auto; text-align:justify;}
    #firstSection>img {width:100%; border-radius:10pt;}
    #firstSection>ul {display:none;}
  </style>
</head>
<body>
  <div id="layout">
    <h1>show()메서드</h1>
    <section id="firstSection">
      <h2>이미지를 클릭하면 이미지 아래에 있는 숨겨진 목록이 보여 집니다.</h2>
      <img src="images/snow.jpg" alt="눈">
      <ul>
        <li>show()메서드는 숨겨진 요소를 보여 줍니다.</li>
        <li>요소를 보이지 않게 하려면 hide()메서드를 사용할 수 있습니다.</li>
      </ul>
    </section>
  </div>
</body>
</html>
```

- 브라우저에서 결과보기 https://narinpublisher.github.io/perfect_jquery/show.html

마크업 미리보기 화면 03-02

03-03. fadeIn() 메서드

fadeIn() 메서드는 표시되지 않는 요소를 부드럽게 나타나게 표시 합니다.

◆ 구문

$(selector).fadeIn( );
$(selector).fadeIn(속도, 구간별 속도, 콜백 함수) <= 필수가 아닌 옵션 항목입니다.

아래의 예시는, 이미지를 클릭하면 이미지 아래에 있는 숨겨진 목록을 부드럽게 보이도록 합니다.

◆ 마크업 샘플 03-03.

```
<!DOCTYPE html>
<html lang="ko">
<head>
  <meta charset="utf-8">
  <meta name="viewport" content="width=device-width">
  <title>제이쿼리 fadeIn() 메서드</title>
  <script src="https://code.jquery.com/jquery-3.3.1.min.js"></script>
  <script>
    $(document).ready(function(){
      $("#fruits button").click(function(){
        $("#fruits img").fadeIn(1500);
      });
    });
  </script>
  <style>
    html,body {box-sizing:border-box;}
    #layout {width:650pt; margin:auto; }
    #fruits button {display:block; padding:2pt 5pt; margin-bottom:10pt; border-radius:3pt;}
    #fruits img {width:200px; height:100px;object-fit:cover; object-position:center center;
    border-radius:5pt; box-shadow: 0pt 0pt 20pt 5pt yellowgreen; margin:10pt; display:none;}
  </style>
```

```
</head>
<body>
    <div id="layout">
        <h1>fadeIn()메서드</h1>
        <section id="fruits">
            <h2>버튼을 클릭하면 과일 이미지가 서서히 나타납니다.</h2>
            <button type="button">과일 이미지 부드럽게 보이기</button>
            <img src="images/strawberry.jpg" alt="딸기">
            <img src="images/grape.jpg" alt="포도">
            <img src="images/melon.jpg" alt="멜론">
        </section>
    </div>
</body>
</html>
```

- 브라우저에서 결과보기 https://narinpublisher.github.io/perfect_jquery/fadeIn.html

마크업 미리보기 화면 03-03

03-04. fadeOut() 메서드

fadeOut() 메서드는 표시되지 않는 요소를 점차적으로 사라지게합니다.

◆ 구문

$(selector).fadeOut( );
$(selector).fadeOut(속도, 구간별 속도, 콜백 함수) <= 필수가 아닌 **옵션 항목입니다.**

아래의 예시는, 버튼을 클릭하면 '딸기', '파인애플', '키위' 항목이 부드럽게 사라집니다.

◆ 마크업 샘플 03-04.

```html
<!DOCTYPE html>
<html lang="ko">
<head>
   <meta charset="utf-8">
   <meta name="viewport" content="width=device-width">
   <title>fadeOut() Method</title>
   <script src="https://code.jquery.com/jquery-3.3.1.min.js"></script>
   <script>
     $(document).ready(function(){
        $("#fruits button").click(function(){
          $("#fruits ul").fadeOut("slow");
        });
     });
   </script>
   <style>
     html,body {box-sizing:border-box;}
     #layout {width:650pt; margin:auto; }
     #fruits button {display:block; padding:2pt 5pt; margin-bottom:10pt; border-radius:3pt;}
     #fruits ul {list-style:none; padding-left:0;}
     #fruits li {width:100px; border-radius:3pt; box-shadow: 0pt 0pt 10pt blue; padding:5pt 10pt;
        margin:10pt; float:left; text-align:center; background:rgba(255,255,0, 0.3); }
   </style>
</head>
<body>
   <div id="layout">
     <h1>fadeOut()메서드</h1>
     <section id="fruits">
       <h2>패이드아웃 메서드</h2>
        <button type="button">좋아하는 과일 3가지</button>
```

```
        <ul>
          <li>딸기</li>
          <li>파인애플</li>
          <li>키위</li>
        </ul>
      </section>
    </div>
  </body>
</html>
```

- 브라우저에서 결과보기　https://narinpublisher.github.io/perfect_jquery/fadeOut.html

마크업 미리보기 화면 03-04

03-05. fadeTo() 메서드

fadeTo() 메서드는 요소를 원하는 양만큼만 (0.001 ~ 1.00) 불투명하게 표시할 수 있습니다.

◆ 구문

$(selector).fadeTo(속도, 불투명도);

◆ more

$(선택자).fadeTo(속도, 불투명도, 구간별속도, 콜백함수);
* 속도(필수항목): "slow" 또는 "hide" 또는 밀리초 값 (1초=1000)
* 불투명도(필수항목): 페이드할 만큼의수치 0.001 ~ 1.00 사이의값
* 구간별속도(부가항목): "swing" 또는 "linear"
    - "swing" : 처음과 끝은 느리고 중간 구간은 빠름
    - "linear" : 일정한 속도
* 콜백함수(부가항목): 시간이 필요한 메서드(할일)가 끝난 후 할 일이 있을 때 사용하는함수 function(){ 할 일; }

아래의 예시는, 버튼을 클릭하면 '딸기', '파인애플', '키위' 항목이 부드럽게 사라집니다.

◆ 마크업 샘플 03-05.

```
--- 생략---
<script src="https://code.jquery.com/jquery-3.3.1.min.js"></script>
<script>
  $(document).ready(function(){
    const $li = $("#fruits li");
    $("#fruits button").click(function(){
    $li.eq(0).fadeTo("fast",0.6);
    $li.eq(1).fadeTo("slow",0.3);
    $li.eq(2).fadeTo(1300,0.1);
    });
  });
</script>
<style>
  html,body {box-sizing:border-box;}
  #layout {width:650pt; margin:auto; }
  #fruits button {display:block; padding:2pt 5pt; margin-bottom:10pt; border-radius:3pt;}
  #fruits ul {list-style:none; padding-left:0;}
```

```
        #fruits li {width:100px; padding:5pt 10pt; margin:10pt; border-radius:10px; float:left;
        text-align:center;}
        #fruits li:nth-child(1) {background:red;}
        #fruits li:nth-child(2) {background:green;}
        #fruits li:nth-child(3) {background:blue;}
    </style>
</head>
<body>
    <div id="layout">
        <h1>fadeTo()메서드</h1>
        <section id="fruits"><h2>패이드 투 메서드</h2>
            <button type="button">좋아하는 과일 3가지</button>
            <ul>
                <li>딸기</li>
                <li>파인애플</li>
                <li>키위</li>
            </ul>
        </section>
    </div>
</body>
</html>
```

- 브라우저에서 결과보기   https://narinpublisher.github.io/perfect_jquery/fadeTo.html

마크업 미리보기 화면 03-05

03-06. slideDown() 메서드

slideDown() 메서드는 보이지 않던 요소가 아래 방향으로 부드럽게 내려오면서 보이게 됩니다.

◆ 구문

$(selector).**slideDown( )**;
$(selector).slideDown(**속도, 구간별 속도, 콜백 함수**) <= 필수가 아닌 **옵션** 항목입니다.

아래의 예시는, 버튼을 클릭하면 이미지가 포함된 <div> 요소가 부드럽게 내려옵니다.

◆ 마크업 샘플 03-06.

```html
<!DOCTYPE html>
<html lang="ko">
<head>
  <meta charset="utf-8">
  <meta name="viewport" content="width=device-width">
  <title>slideDown() Method</title>
  <script src="https://code.jquery.com/jquery-3.3.1.min.js"></script>
  <script>
    $(document).ready(function(){
      const $rank = $("#ranking");
      $rank.children("button").click(function(){
        (this).next().slideDown();
      });
    });
  </script>
  <style>
    html,body {box-sizing:border-box;}
    #layout {width:650pt; margin:auto; }
    #ranking button {padding:3pt 5pt; margin-bottom:10pt; background:none;
    border:1px solid #999; border-radius:3pt;}
    #ranking div {display:none;}
    #ranking img {max-width:500px; }
  </style>
</head>
<body>
  <div id="layout">
    <h1>제이쿼리의 메서드</h1>
    <section id="ranking">
      <h2>slideDown() 메서드</h2>
```

```
            <button type="button">급상승 검색어</button>
            <div>
                <img src="images/search.jpg" alt="급상승검색어">
            </div>
        </section>
    </div>
</body>
</html>
```

- 브라우저에서 결과보기   https://narinpublisher.github.io/perfect_jquery/slideDown.html

마크업 미리보기 화면 03-06

03-07. slideUp() 메서드

slideUp() 메서드는 지정 요소가 위쪽 방향으로 부드럽게 올라가면서 보이지 않게 됩니다.

◆ 구문

$(selector).slideUp( );
$(selector).slideUp(속도, 구간별 속도, 콜백 함수) <= 필수가 아닌 옵션 항목입니다.

아래의 예시는, 버튼에 마우스를 갖다대면 이미지가 위로 올라가면서 사라집니다.

◆ 마크업 샘플 03-07.

```html
<!DOCTYPE html>
<html lang="ko">
<head>
    <meta charset="utf-8">
    <meta name="viewport" content="width=device-width">
    <title>jQuery's Method</title>
    <script src="https://code.jquery.com/jquery-3.3.1.min.js"></script>
    <script>
    $(document).ready(function(){
        const $rank = $("#ranking");
        $rank.children("button").mouseenter(function(){
            $(this).next().slideUp(1000);
        });
    });
    </script>
    <style>
    html,body {box-sizing:border-box;}
    #layout {width:650pt; margin:auto; }
    #ranking button {padding:3pt 5pt; margin-bottom:10pt; background:none;
    border:1px solid #999; border-radius:3pt;}
    #ranking img {max-width:600px;}
    </style>
</head>
<body>
    <div id="layout">
        <h1>제이쿼리의 메서드</h1>
        <section id="ranking">
        <h2>slideDown() 메서드</h2>
        <button type="button">급상승 검색어</button>
```

```
        <div>
            <img src="images/search.jpg" alt="급상승검색어">
        </div>
    </section>
  </div>
</body>
</html>
```

- 브라우저에서 결과보기   https://narinpublisher.github.io/perfect_jquery/slideUp.html

마크업 미리보기 화면 03-07

03-08. slideToggle() 메서드

slideToggle() 메서드는 slideUp() 과 slideDown()을 전환합니다. 해당 요소가 보이지 않는 상태라면 slideDown() 될 것이며, 해당 요소가 보이는 상태라면 slideUp() 될 것입니다.

◆ 구문

$(selector).slideToggle( );
$(select).slideToggle(속도, 구간별 속도, 콜백 함수) <= 모든 매개수는 필수가 아닌 **옵션 항목**입니다.

아래의 예시는, 버튼을 한번 클릭하면 하늘색 <div> 요소가 위로 부드럽게 올라가면서 사라지게 되고, 버튼을 한번 더 클릭하면 <div> 요소가 아래로 부드럽게 내려오면서 보이게 되는 기능이 토글 전환됩니다. 이때, 슬라이드 토글 기능이 끝난 후 콜백 함수를 호출하여 경고창으로 텍스트가 표시됩니다.

◆ 마크업 샘플 03-08.

```html
<!DOCTYPE html>
<html lang="ko">
<head>
<meta charset="utf-8">
<meta name="viewport" content="width=device-width">
<title>slideToggle() 메서드</title>
<script src="https://code.jquery.com/jquery-3.3.1.min.js"></script>
  <script>
    $(document).ready(function(){
     const $rank = $("#ranking");
    $rank.children("button").click( function(){
        $(this).next().slideToggle(1300,"swing",function(){
          alert("슬라이드가 토글되었습니다.");
        });
      });
    });
  </script>
  <style>
    html,body {box-sizing:border-box;}
    #layout {width:650pt; margin:auto; }
    #ranking button {padding:3pt 5pt; margin-bottom:10pt; background:none;
      border:1px solid #999; border-radius:3pt;}
    #ranking div {background:skyblue; padding:20px; text-align:center;}
    #ranking img {max-width:600px;}
  </style>
</head>
```

```
<body>
<div id="layout">=
    <h1>제이쿼리의 메서드</h1>
    <section id="ranking">
        <h2>slideDown() 메서드</h2>
        <button type="button">급상승 검색어</button>
        <div>
            <img src="search.jpg" alt="급상승검색어">
        </div>
    </section>
  </div>
</body>
</html>
```

- 브라우저에서 결과보기   https://narinpublisher.github.io/perfect_jquery/slideToggle.html

마크업 미리보기 화면 03-08

03-09. toggle() 메서드

toggle() 메서드는 show()와 hide()를 전환합니다. 요소가 보이는 상태라면 숨겨질 것이고, 요소가 보이지 않는 상태라면 보여지게 될 것입니다.

◈ 구문

$(selector).**toggle( )**;
$(select).toggle(**속도, 구간별 속도, 콜백 함수**) <= 모든 매개수는 필수가 아닌 **옵션 항목**입니다.

아래의 예시는, 버튼을 클릭하면 \<p\>요소가 감춰지고, 한번 더 클릭하면 \<p\>요소가 보여집니다.

◈ 마크업 샘플 03-09.

```html
<!DOCTYPE html>
<html lang="ko">
<head>
  <meta charset="utf-8">
  <meta name="viewport" content="width=device-width">
  <title>toggle() Method</title>
  <script src="https://code.jquery.com/jquery-3.3.1.min.js"></script>
  <script>
    $(document).ready(function(){
      $(".aurora   button").click(function(){
        $(".aurora   p").toggle();
      });
    });
  </script>
  <style>
    html,body {box-sizing:border-box;}
    #layout {width:350pt; margin:auto; }
    .aurora img {width:45%; border-radius:5pt; box-shadow: 0pt 0pt 15pt 5pt aqua; margin:5pt;}
    .aurora button {display:block; padding:2pt 5pt; margin-bottom:10pt; border-radius:3pt;}
    .aurora p {padding:0; list-style:none;}
  </style>
</head>
<body>
  <div id="layout">
    <h1>toggle()메서드</h1>
      <section class="aurora">
        <h2>하나의 버튼으로 보이기/감추기</h2>
        <button type="button">보이기/감추기</button>
```

```
            <img src="aurora.jpg" alt="오로라">
            <p>토글메서드는<br>하나의 버튼으로<br>숨기기 기능과<br>보이기 기능을 실행 할 수 있습니다.</p>
        </section>
    </div>
</body>
</html>
```

- 브라우저에서 결과보기   https://narinpublisher.github.io/perfect_jquery/toggle.html

마크업 미리보기 화면 03-09

03-10. animate() 메서드

animate() 메서드는 수치로 조절 가능한 스타일 속성을 애니메이션 할 수 있습니다.

◆ 구문

> $(selector).**animate({스타일}, 속도, 구간별 속도, 콜백함수)**;
> * {속성:"값", 속성:"값", 속성:"값"}은 **필수 항목**.
> * 속도 구간별속도, 콜백함수)는 **옵션 항목**.

아래의 예시는, 점점 커지는 애니메이션] 버튼을 클릭할 때마다, 넓이와 높이가 현재 크기보다 100픽셀 커지고, 위치는 현재 위치를 기준으로 오른쪽 방향으로 +=100픽셀 만큼, 아래방향으로 +=100픽셀 만큼 이동될 것이며, [점점 작아지는 애니메이션] 버튼을 클릭하면 넓이와 높이가 현재 크기보다 100픽셀 작아지면서 오른쪽 방향으로 -=100픽셀 만큼, 아랫방향으로 -=100픽셀 만큼 이동될 것입니다.

예시)
* x=10 일때; x+=5 ==> 결과 x=15;
* x=23 일때; x+=5 ==> 결과 x=28;

◆ 마크업 샘플 03-10.

```html
<!DOCTYPE html>
<html lang="ko">
<head>
  <meta charset="utf-8">
  <meta name="viewport" content="width=device-width">
  <title>애니메이션 기능</title>
  <script src="https://ajax.googleapis.com/ajax/libs/jquery/3.3.1/jquery.min.js"></script>
  <script>
    $(document).ready(function(){
        $("button:first-of-type").click(function(){
            $("div").animate({width:"+=100px"});
            $("div").animate({height:"+=100px"});
            $("div").animate({top:"+=100px"});
            $("div").animate({left:"+=100px"});
        });
        $("button:last-of-type").click(function(){
            $("div").animate({width:"-=100px"});
            $("div").animate({height:"-=100px"});
            $("div").animate({top:"-=100px"});
            $("div").animate({left:"-=100px"});
```

```
        });
    });
    </script>
    <style>
        button{font-size:15pt; background:linear-gradient( -20deg, white, #bbb );
        border:1px solid #999; padding:5px 10px; margin:50px 0;}
        div {background:gold; width:50px; height:50px; position:absolute;}
    </style>
</head>
<body>
    <button>점점 커지는 애니메이션</button>
    <div></div>
    <button>점점 작아지는 애니메이션</button>
</body>
</html>
```

- 브라우저에서 결과보기 https://narinpublisher.github.io/perfect_jquery/animate.html

마크업 미리보기 화면 03-10

03-11. stop() 메서드

stop() 메서드는 동작중인 애니메이션을 즉시 중지할 수 있습니다.

◆ 구문

$(selector).**stop( )**;
$(select).stop(stopAll,goToEnd) - 모든 매개 변수는 **옵션입니다**.

◆ more

$(선택자).stop(대기중인 애니 중지, 현재 애니 중지);
- 2개의 매개변수는 부가항목입니다.
- 부가항목의 기본 값은 둘 다 false 즉 stop(false, false); 입니다.
- stop(**true**, false) 일 경우에,
  첫번째 매개변수(stopAll)의 값이 true라면 현재 진행 중인 애니메이션의 마지막 트랙으로 이동 후 멈추면서, 대기 진행 중인 애니메이션도 멈춥니다. (전체정지)
- stop(false, **true**) 일 경우에,
  두번째 매개변수(gotoEnd)의 값이 true라면 현재 진행 중인 애니메이션의 마지막 트랙으로 이동 한 후 멈춥니다. (일시정지)
- 애니메이션이 2개 이상이고 모두 중지 시키려면 $(선택자).stop(true,true); 하세요.

아래의 예시는, [애니메이션 실행]버튼을 클릭하면, 보이지 않던 봄 이미지가 점점 커지면서 나타납니다. [애니메이션 중지]버튼을 클릭하면, 현재 실행 중인 애니메이션과 대기 중인 애니메이션 모두 동시에 멈추면서 애니메이션은 마지막 트랙(동작)으로 이동합니다.

◆ 마크업 샘플 03-11.

```
<!DOCTYPE html>
<html lang="ko">
<head>
  <meta charset="utf-8">
  <meta name="viewport" content="width=device-width">
  <title>제이쿼리 stop() 메서드</title>
  <script src="https://ajax.googleapis.com/ajax/libs/jquery/3.3.1/jquery.min.js"></script>
  <script>
    $( document) .ready( function () {
       const $img = $("#spring img");
       $( "#spring button" ).first().click( function (){
           $img.animate( {width:"500px"}, 3000 );
```

```
$img.animate({left:"800px"},3000);
        });
        $("#spring button").last().click(function(){
            $img.stop( true,true );
        });
        });
    </script>
    <style>
        #spring {width:750px;}
        #spring button {padding:5px 10px; margin-bottom:30px;}
        #spring img {width:0; position:relative;}
    </style>
</head>
<body>
    <section id="spring">
        <h1>stop() 메서드의 매개변수</h1>
        <button type="button">애니메이션 실행</button>
        <button type="button">애니메이션 중지</button><br>
        <img src="images/spring.jpg" alt="봄">
    </section>
</body>
</html>
```

- 브라우저에서 결과보기   https://narinpublisher.github.io/perfect_jquery/stop.html

마크업 미리보기 화면 03-11

03-12. delay() 메서드

delay() 메서드는 실행 중인 애니메이션을 정해진 시간만큼 지연합니다.

◆ 구문

$(selector).**delay( )**;
$(select).delay(속도 , 대기열이름) - 두개의 매개 변수는 **옵션입니다**.

◆ more

$(selector).**delay(속도, 대기열 이름)**;
- 2개의 매개변수는 부가항목입니다.
- 속도: "slow" 또는 "fast" 또는 밀리초 값 (1초=1000)을 사용할 수 있습니다.
- 대기열 이름: 기본값은 "fx" 입니다.

아래의 예시는, [실행하기]버튼을 클릭하면, 색이 각각 다른 5개의 사각형이 차례대로 나타납니다.

◆ 마크업 샘플 03-12.

```
<!DOCTYPE html>
<html lang="ko">
<head>
<meta charset="utf-8">
<meta name="viewport" content="width=device-width">
<title>제이쿼리 delay() 메서드</title>
<script src="https://ajax.googleapis.com/ajax/libs/jquery/3.3.1/jquery.min.js"></script>
<script>
   $(document).ready(function(){
     $("button").click(function(){
        $("#div1").fadeIn();
        $("#div2").delay(500).fadeIn();
        $("#div3").delay(1000).fadeIn();
        $("#div4").delay(1500).fadeIn();
        $("#div5").delay(2000).fadeIn();
     });
   });
</script>
<style>
```

```
        #layout {max-width:500px; margin:auto; margin-top:50px;}
        #layout button {display:block; margin:auto;}
        #layout div {width:50px; height:50px; display:none; margin:20px auto;}
        #div1 {background:yellow;}
        #div2 {background:yellowgreen;}
        #div3 {background:skyblue;}
        #div4 {background:tomato;}
        #div5 {background:aqua;}
    </style>
</head>
<body>
    <div id="layout">
        <button>실행하기</button>
        <div id="div1"></div>
            <div id="div2"></div>
            <div id="div3"></div>
            <div id="div4"></div>
            <div id="div5"></div>
        </div>
    </div>
</body>
</html>
```

- 브라우저에서 결과보기   https://narinpublisher.github.io/perfect_jquery/delay.html

마크업 미리보기 화면 03-12

CHAPTER 04

04.	이벤트 메서드	080
04-01.	click() 이벤트 메서드	080
04-02.	mouseup() 이벤트 메서드	082
04-03.	hover() 이벤트 메서드	084
04-04.	focus() 이벤트 메서드	084
04-05.	blur() 이벤트 메서드	088
04-06.	mouseenter() 이벤트 메서드	090
04-07.	mouseleave() 이벤트 메서드	092
04-08.	one() 이벤트 메서드	094
04-09.	scroll() 이벤트 메서드	096

쉬운예제로 살펴하며 이해하는 퍼펙트 제이쿼리

이벤트
메서드

04 제이쿼리 이벤트 메소드

제이쿼리 메서드는 태그 요소를 필터링하거나 제어하거나 동작하게 합니다.
제이쿼리 이벤트 메서드는 HTML 페이지에서 어떤 사건이 발생하는 순간.. 예를 들면, 마우스를 클릭하거나 키보드 키를 누르거나 마우스를 스크롤하는 등의 사건이 발생했을 때를 '**이벤트가 발생했다**'라고 부릅니다.
본 책자에서는 click(), mouseup(), hover(), focus(), blur(), mouseenter(), mouseleave(), one(), scroll()에 대해 학습합니다..

04-01. click() 이벤트 메서드

- 제이쿼리 click() 이벤트 메서드는 해당 요소에 마우스를 대고 왼쪽 버튼을 누르면 이벤트가 발생되어 함수가 실행됩니다.
- 또는 해당 요소가 포커스 된 상태에서 엔터키를 누르면 이벤트가 발생되어 함수가 실행됩니다.
- 제이쿼리 click() 메서드는 해당 요소를 눌렀다가 떼는 순간 이벤트가 동작합니다.
- 제이쿼리 click() 메서드는 **누르는 행위와 떼는 행위가 하나의 요소에서 이루어 질 때** 이벤트가 발생 됩니다.

◆ 구문

```
$(selector).click( );
$(selector).click(function( ){할 일;});
```

◆ 비교

click()   - 마우스를 누르는 행위와 떼는 행위가 하나의 요소에서 이루어 질 때 이벤트 발생됨.
              - 탭 키로 해당 요소가 포커스 되었을 때 엔터키를 누르면 이벤트가 발생됨.

mouseup()   외부에서 마우스를 누른 채로 드래그하면서 해당 요소에서 마우스를 뗀다고 하더라도 이벤트가 발생함. 탭 키로 해당 요소가 포커스 되었을 때 엔터키를 누르면 이벤트가 발생되지 않음.

다음 예시는, 꽃 이미지를 클릭하면 그것(이미지)이 숨겨집니다.

◆ 마크업 샘플 04-01.

```
<!DOCTYPE html>
<html lang="ko">
<head>
<meta charset="utf-8">
```

```html
<meta name="viewport" content="width=device-width">
<title>제이쿼리 click() 이벤트 메서드</title>
<script src="https://code.jquery.com/jquery-3.6.0.min.js"></script>
<script>
$(document).ready(function(){
    $("main button").click(function(){
        $(this).slideUp();
    });
});
</script>
<style>
main {max-width:600px; margin:50px auto;}
main button {display:block; width:70%; margin:auto;  border:none; background:none;}
main button img {width:100%;}
</style>
</head>
<body>
  <main>
    <button type="button">
        <img src="images/beach.jpg" alt="바닷가 여행">
    </button>
  </main>
</body>
</html>
```

- 브라우저에서 결과보기 https://narinpublisher.github.io/perfect_jquery/click.html

마크업 미리보기 화면 04-01

04-02. mouseup() 이벤트 메서드

- mouseup() 이벤트 메서드는 눌려진 요소를 떼는 순간 이벤트가 발생하여 함수가 실행됩니다. **눌려지는 동작이 해당 요소가 아닌 다른 외부에서 발생했다 하더라도** 마우스를 떼는 동작이 해당 요소에서 이루어진다면 이벤트가 발생됩니다.
- click() 메서드는 해당 요소를 눌렀다가 떼는 순간 이벤트가 동작합니다. (즉, 누르는 동작과 떼는 동작이 하나의 요소에서 감지되어야 함)
- 제이쿼리 click() 메서드는 해당 요소가 포커스 되었을 때 엔터키를 누르면 이벤트가 발생 되지만 mouseup() 메서드는 아쉽게도 이벤트가 발생되지 않습니다.
- 그러므로 웹 접근성 향상을 위해 마우스 없이 탭 키로 포커스를 이동한 후 엔터키를 통해 이벤트를 발생시키고 싶다면 click() 메서드를 사용하세요.

◈ 구문

```
$(selector).mouseup( );
$(selector).mouseup(function( ){할 일;});
```

◈ 비교

mouseup()	외부에서 마우스를 누른 채로 드래그하면서 해당 요소에서 마우스를 뗀다 하더라도 이벤트가 발생함. 탭 키로 해당 요소가 포커스 되었을 때 엔터키를 누르면 이벤트가 발생되지 않음.
click()	마우스를 누르는 행위와 떼는 행위가 하나의 요소에서 이루어 질 때 이벤트 발생됨. 탭 키로 해당 요소가 포커스 되었을 때 엔터키를 누르면 이벤트가 발생됨.

다음 예시는, 이미지 버튼을 클릭하면 그것 (버튼)이 부드럽게 위로 올라가면서 숨겨집니다. 숨겨진 결과는 { display: none; }과 같습니다.

◈ 마크업 샘플 04-02.

```
--- 생략 ---
<script>
  $(document).ready(function(){
    $("main button").mouseup(function(){
      $(this).slideUp();
    });
  });
</script>
<style>
  main {max-width:600px; margin:50px auto;}
  main button {display:block; width:70%; margin:auto; border:none; background:none;}
```

```
    main button img {width:100%;}
</style>
</head>
<body>
    <main>
        <button type="button">
            <img src="images/beach.jpg" alt="바닷가 여행">
        </button>
    </main>
</body>
</html>
```

- 브라우저에서 결과보기   https://narinpublisher.github.io/perfect_jquery/mouseup.html

마크업 미리보기 화면 04-02

04-03. hover() 이벤트 메서드

hover() 이벤트 메서드는 마우스를 갖다 댈 때와 마우스를 치울 때 각각 이벤트가 발생하여 각각 지정 된 함수가 실행됩니다. hover() 이벤트 메서드는 mouseenter()와 mouseleave()를 하나로 합쳐놓은 이벤트 메서드입니다. mouseover()와 mouseout() 메서드는 해당 요소와 함께 자손 요소에까지 이벤트가 중첩되는 버블링 현상이 생길 수 있지만 mouseenter()와 mouseleave()는 정확하게 해당 되는 요소에만 이벤트가 발생합니다.

◈ 구문

```
$(selector).hover( );
$(selector).hover(
    function( ){ 마우스 포인터가 대상에 놓여질 때 할 일;} ,
    function( ){ 마우스 포인터가 대상에서 빠져 나갈 때 할 일;}
);
```

다음 예시는, 장미꽃 이미지에 마우스를 갖다 대면 이미지 불투명도가 100%에서 30%로 변합니다. 즉 70%만큼 투명해 집니다. 그리고 마우스를 치우면 장미꽃 불투명도는 다시 100%로 환원됩니다.

◈ 마크업 샘플 04-03.

```
---  생략  ---
<script src="https://code.jquery.com/jquery-3.3.1.min.js"></script>
<script>
  $(document).ready(function(){
    $("#rose>div").hover(
      function(){
        $(this).css("opacity", 0.3);
      },
      function(){
        $(this).css("opacity", 1);
      }) ;
  });
</script>
<style>
  html,body {box-sizing:border-box;}
  #layout {width:500pt; margin:auto; }
  #rose>div {border:5px solid pink; padding:10px;}
  #rose>div>img {width:100%;}
</style>
</head>
```

```
<body>
<div id="layout">
    <h1>제이쿼리 이벤트 메서드</h1>
    <section id="rose">
        <h2>마우스 이벤트 hover() 메서드</h2>
        <div>
            <img src="images/rose.jpg" alt="장미이미지" title="마우스를 갖다대면 이미지가 투명해 집니다.">
            <br>장미꽃 입니다.
        </div>
    </section>
</div>
</body>
</html>
```

- 브라우저에서 결과보기   https://narinpublisher.github.io/perfect_jquery/hover.html

마크업 미리보기 화면 04-03

04-04. focus() 이벤트 메서드

focus() 이벤트 메서드는 폼 요소에 마우스커서가 놓이면 이벤트 발생하여 함수가 실행됩니다.

◆ 구문

```
$(selector).focus( );
$(selector).focus( function( ){ 할 일;} );
```

다음 예시는, 텍스트 박스가 포커스 되면, 즉 마우스 커서가 글 상자 안에 놓이면 이벤트가 발생합니다.

◆ 마크업 샘플 04-04.

```
<!DOCTYPE html>
<html lang="ko">
<head>
  <meta charset="utf-8">
  <meta name="viewport" content="width=device-width">
  <title>제이쿼리 focus() 이벤트 메서드</title>
  <script src="https://ajax.googleapis.com/ajax/libs/jquery/3.3.1/jquery.min.js"></script>
  <script>
    ( document ).ready( function () {
      $( "input" ).focus( function() {
        $( this ).addClass( "in" );
      });
      $( "input" ).blur( function () {
        $( this ).removeClass( "in" );
      });
    });
  </script>
  <style>
    form { width:400px; margin:auto; }
    input { padding:5px; border-radius:3px; border:1px solid #999; }
    .in { background:gold; border:1px dashed red; }
  </style>
</head>
<body>
  <form action="#">
    <h1>제이쿼리 focus() 이벤트 메서드</h1>
    <input type="text" placeholder="이름을 입력하세요" required>
    <button>확인</button>
```

```
        <p></p>
      </form>
   </body>
</html>
```

• 브라우저에서 결과보기   https://narinpublisher.github.io/perfect_jquery/focus.html

마크업 미리보기 화면 04-04

04-05. blur() 이벤트 메서드

blur() 이벤트 메서드는 폼 요소에 놓인 커서가 포커스를 잃으면 이벤트가 발생하여 함수가 실행됩니다.

◈ 구문

```
$(selector).blur( );
$(selector).blur( function( ) { 할 일;} );
```

다음 예시는, 텍스트 박스가 포커스 되었다가 포커스를 잃으면, 즉 텍스트 박스 외부를 클릭하면 텍스트 박스는 분홍색 배경색이 되면서 빨간 테두리 긴 점선 스타일이 적용됩니다.

◈ 마크업 샘플 04-05.

```html
<!DOCTYPE html>
<html lang="ko">
<head>
<meta charset="utf-8">
<meta name="viewport" content="width=device-width">
<title>제이쿼리 이벤트 메서드</title>
<script src="https://code.jquery.com/jquery-3.3.1.min.js"></script>
<script>
    $( document ).ready( function () {
        $( "input" ).focus( function () {
            $( this ).addClass( "in" );
        });
        $( "input" ).blur( function() {
            $( this ).removeClass( "in" );
            $( this ).css({ "border": "2px dashed red", "background":"pink" });
        });
    });
</script>
<style>
    form {width:400px; margin:auto;}
    input {padding:5px; border-radius:3px; border:1px solid #999;}
    .in {background:gold; border:1px dashed red;}
</style>
</head>
<body>
    <form action="#">
        <h1>focus()와 blur() 메서드</h1>
        <input type="text" placeholder="이름을 입력하세요" required>
```

```
<button>확인</button>
<p></p>
</form>
</body>
</html>
```

• 브라우저에서 결과보기　https://narinpublisher.github.io/perfect_jquery/blur.html

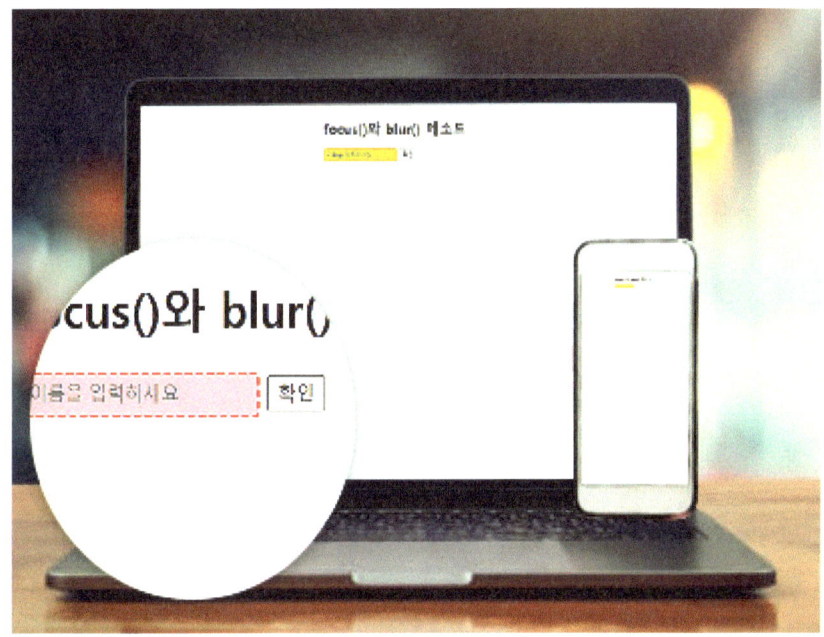

마크업 미리보기 화면 04-05

04-06. mouseenter() 이벤트 메서드

mouseenter() 이벤트 메서드는 선택한 요소에 마우스 포인터가 다가가면 이벤트가 발생하여 함수가 실행됩니다. mouseover() 메서드는 선택 요소의 자손요소에도 동일한 이벤트가 발생되는 문제가 있지만 mouseenter() 메서드는 선택 요소에만 이벤트가 발생됩니다.

◆ 구문

```
$(selector).mouseenter( );
$(selector).mouseenter( function( ){ 할 일;} );
```

다음 예시는,
아이디 값이 "ranking"인 요소의 자손 요소인 div 영역에 마우스가 다가가면 그 div 요소가 현재 위치에서 오른쪽 방향으로 +100픽셀만큼 이동합니다.

◆ 마크업 샘플 04-06

- 작업전 https://narinpublisher.github.io/perfect_jquery/mouseenter-before.html
- 작업후 https://narinpublisher.github.io/perfect_jquery/mouseenter-after.html

```html
<!DOCTYPE html>
<html lang="ko">
<head>
<meta charset="utf-8">
<meta name="viewport" content="width=device-width">
<title>jQuery Event Methods</title>
<script src="https://code.jquery.com/jquery-3.3.1.min.js"></script>
<script>
    $(document).ready(function(){
        $("#ranking>div").mouseenter(function(){
            $(this).animate({left:"+=100px"});
        });
    });
</script>
<style>
    html,body {box-sizing:border-box;}
    #layout {width:600pt; margin:auto; }
    #ranking div {position:relative; border:5px solid #ddd;}
    #ranking div img {display:block; max-width:100%; margin:auto;}
</style>
</head>
<body>
    <div id="layout">
```

```
        <h1>제이쿼리 이벤트 메서드</h1>
        <section id="ranking">
            <h2>마우스 포인터가 영역안에 들어오면 이벤트가 발생합니다.</h2>
            <div>
                <img src="images/ranking.jpg" alt="급상승검색어">
            </div>
        </section>
    </div>
</body>
</html>
```

- 브라우저에서 결과보기 https://narinpublisher.github.io/perfect_jquery/mouseenter.html

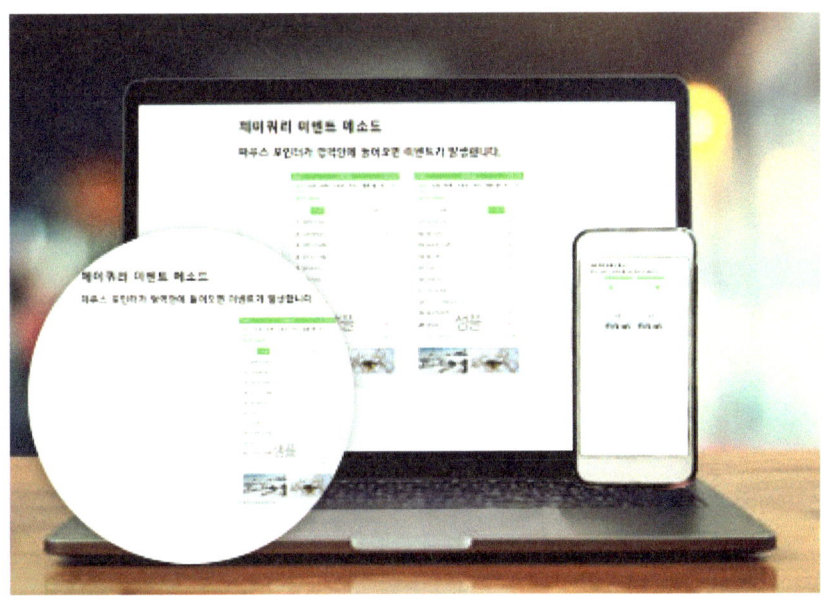

마크업 미리보기 화면 04-06

04-07. mouseleave() 이벤트 메서드

mouseleave() 이벤트 메서드는 선택한 영역(요소)에 놓인 마우스 포인터가 영역(요소)을 벗어날 때 이벤트가 발생하여 함수가 실행됩니다.

◆ 구문

```
$(selector).mouseleave( );
$(selector).mouseleave( function( ){ 할 일;} );
```

◆ 비교

mouseenter()	선택한 요소에 마우스 포인터가 다가가면 선택 요소에만 이벤트가 발생됩니다.
mouseleave()	선택한 요소에 놓인 마우스 포인터가 영역을 벗어날 때 이벤트가 발생 됩니다.

다음 예시는, 아이디 값이 "ranking"인 요소의 자손인 div 영역에서 마우스 포인터가 벗어날 때 이벤트가 발생하여 함수가 실행됩니다. 함수가 실행되어서 그 div 요소는 현재 위치에서 왼쪽 방향으로 -100픽셀만큼 이동합니다.

예시)
let x= 200; x-= 100;   =>   결과 x= 100;
let y= 100; y-= 100;   =>   결과 y= 0;

◆ 마크업 샘플 04-07.

```html
<!DOCTYPE html>
<html lang="ko">
<head>
<meta charset="utf-8">
<meta name="viewport" content="width=device-width">
<title>제이쿼리 mouseleave() 이벤트 메서드</title>
<script src="https://code.jquery.com/jquery-3.3.1.min.js"></script>
<script>
    $(document).ready(function(){
       $( "#ranking>div" ).mouseleave( function () {
          $( this ).animate( { left : "-=100px" } ) ;
       }) ;
    });
</script>
<style>
```

```
            html, body { box-sizing: border-box; }
            #layout { width: 600pt; margin:auto; }
            #ranking div { position: relative; border: 5px solid #ddd; }
            #ranking div img { display: block; max-width: 100%; margin:auto; }
        </style>
    </head>
    <body>
        <div id="layout">
            <h1>제이쿼리 mouseleave() 이벤트 메서드</h1>
            <section id="ranking">
                <h2>
                    마우스 포인터가 선택 영역 안에 있는 상태에서, <br>영역 밖을 벗어날 때 이벤트가 발생합니다.
                </h2>
                <div>
                    <img src="images/ranking.jpg" alt="급상승검색어">
                </div>
            </section>
        </div>
    </body>
</html>
```

- 브라우저에서 결과보기　　https://narinpublisher.github.io/perfect_jquery/mouseleave.html

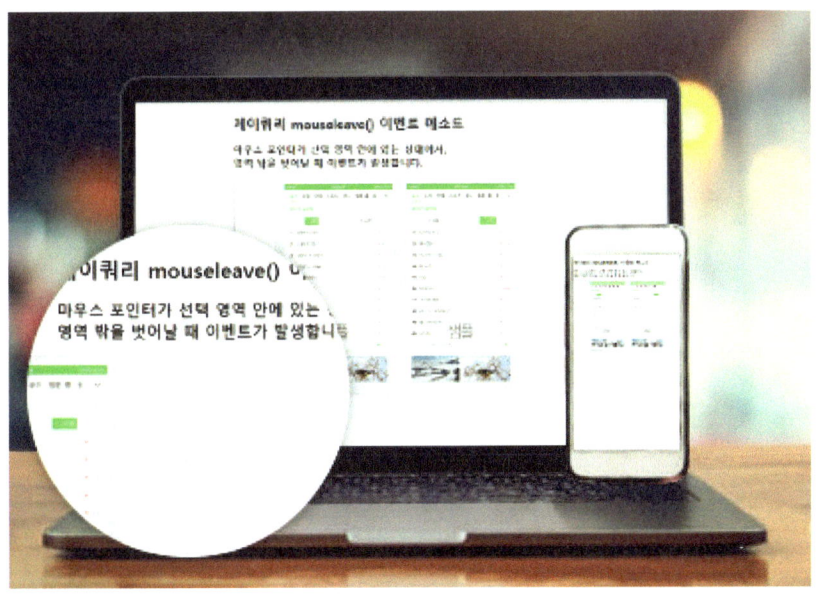

마크업 미리보기 화면 04-07

04-08. one() 이벤트 메서드

one() 이벤트 메서드는 지정 된 하나 이상의 이벤트에 대해 딱 한번만 이벤트를 발생시킵니다.

◆ 구문

```
$(selector).one( );
$(selector).one( '이벤트1 이벤트2' , function() { 할 일; } );
```

다음 예시는, [항목 한번만 추가하기] 버튼은 버튼을 여러 번 눌러도 딱 한 번의 이벤트만 발생하여 딱 하나의 항목만 추가 됩니다. [항목 계속 추가하기] 버튼은 버튼을 반복적으로 누르면 누를 때마다 항목이 계속 추가됩니다.

◆ 마크업 샘플 04-08.

```html
<!DOCTYPE html>
<html lang="ko">
<head>
    <meta charset="utf-8">
    <meta name="viewport" content="width=device-width">
    <title>제이쿼리 one() 이벤트 메서드</title>
    <script src="https://code.jquery.com/jquery-3.3.1.min.js"></script>
    <script>
        $( document ).ready( function() {
            $( '#add_1' ).one( 'click', function() {
                $( 'ol' ).append( "<li>노란색</li>" );
            });
            $( '#add_2' ).click( function() {
                $( 'ol' ).append( "<li>오렌지색</li>" );
            });
        });
    </script>
</head>
<body>
    <button id="add_1">항목 한번만 추가하기</button>
    <button id="add_2">항목 계속 추가하기</button>
    <br><br>
    <ol>
        <li>보라색</li>
        <li>파랑색</li>
        <li>초록색</li>
```

```
            <li>하늘색</li>
        </ol>
</body>
</html>
```

- 브라우저에서 결과보기 https://narinpublisher.github.io/perfect_jquery/one.html

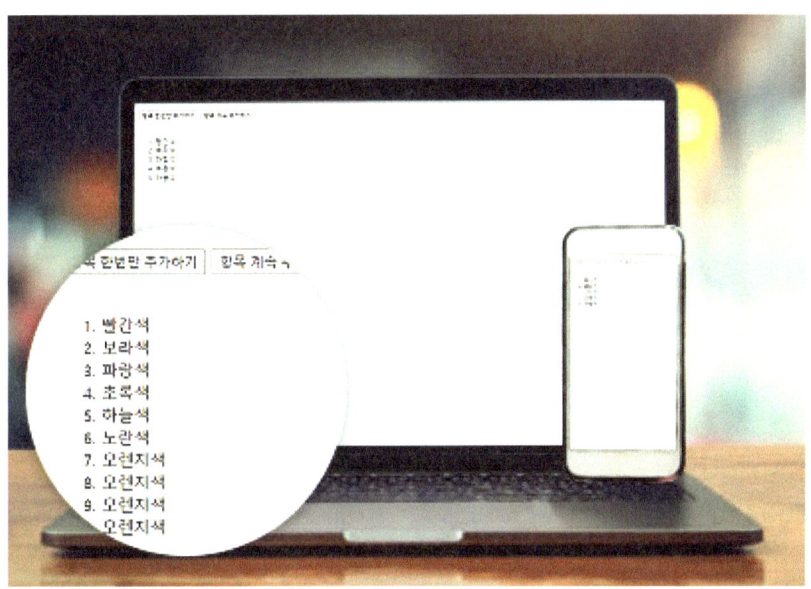

마크업 미리보기 화면 04-08

04-09. scroll() 이벤트 메서드

scroll() 이벤트 메서드는 스크롤 할 때마다 이벤트가 발생하여 함수가 실행됩니다. scroll() 이벤트 메서드는 지정 요소나 문서 또는 윈도우에 설정할 수 있으며, 이때 실행할 함수를 작성하면 스크롤 할 때마다 지속적으로 함수가 실행됩니다.

◆ 구문

```
$(selector).scroll( );
$(selector).scroll( function(){ 할 일;} );
```

다음 예시는, 스크롤을 아래로 내리면 <div> 요소가 불투명해지면서 핑크색 바탕이 보이게 되고, 스크롤을 위로 올리면 <div> 요소가 투명해집니다.

◆ 마크업 샘플 04-09.

```
<!DOCTYPE html>
<html lang="ko">
<head>
   <meta charset="utf-8">
   <meta name="viewport" content="width=device-width">
   <title>제이쿼리 scroll() 이벤트 메서드</title>
   <script src="https://code.jquery.com/jquery-3.3.1.min.js"></script>
   <script>
     $( document ).ready( function() {
       let x =$( document ).scrollTop();
       $(document).scroll( function () {
         let y= $( document ).scrollTop();
         let z = y-x;
         if( z>0 ) {
            $( "div" ).stop().animate({ opacity: 1 });
         }
         if( z<=0 ) {
            $( "div" ).stop().animate({ opacity:0 });
         }
         x=y;
       });
     });
   </script>
   <style>
     body {margin:0;}
     ::-webkit-scrollbar {width: 1px;}
```

```
      section {height:300px; background:lightgray; text-align:center; padding:20px;}
      div {height:1000px; background:pink; opacity:0;}
    </style>
  </head>
  <body>
    <section>
      <h2>마우스 휠(스크롤)을 내렸다가 올려보세요.</h2>
    </section>
    <div></div>
  </body>
</html>
```

- 브라우저에서 결과보기   https://narinpublisher.github.io/perfect_jquery/scroll.html

마크업 미리보기 화면 04-09

CHAPTER 05

05.	HTML/CSS 메서드	....	100
05-01.	addClass() 메서드	....	100
05-02.	after() 메서드	....	102
05-03.	append() 메서드	....	104
05-04.	attr() 메서드	....	106
05-05.	before() 메서드	....	108
05-06.	css() 메서드	....	110
05-07.	hasClass() 메서드	....	112
05-08.	height() 메서드	....	114
05-09.	outerHeight() 메서드	....	116
05-10.	html() 메서드	....	118
05-11.	offset() 메서드	....	120
05-12.	position() 메서드	....	122
05-13.	prepend() 메서드	....	124
05-14.	prop() 메서드	....	126
05-15.	text() 메서드	....	128
05-16.	width() 메서드	....	130
05-17.	innerWidth() 메서드	....	132

쉬운예제로 입숙하며 이해하는 퍼펙트 제이쿼리

HTML/CSS
메서드

05 제이쿼리 HTML/CSS 메소드

- 제이쿼리 메소드는 태그 요소를 필터링하거나 제어하거나 동작하게 합니다.
- 제이쿼리 HTML/CSS 메소드는 HTML 및 CSS를 조작하기 위해 사용할 수 있습니다.

본 책자에서는 addClass(), after(), append(), attr(), before(), css(), hasClass(), height(), outerHeight(), html(), offset(), position(), prepend(), prop(), text(), width() 메소드에 대해 학습합니다.

05-01. addClass() 메소드

제이쿼리 addClass() 메소드는 선택한 요소에 하나 이상의 클래스를 추가합니다. addClass() 메소드는 기존 클래스 속성을 제거하지 않고 클래스 속성에 하나 이상의 클래스 이름만 추가합니다. 둘 이상의 클래스를 추가하려면 클래스와 클래스 사이에 공백을 넣으세요.

◈ 구문

```
$(selector).addClass( );
$(selector).addClass( "클래스명1" );
$(selector).addClass( "클래스명1  클래스명2" );
```

다음 예시는, 색 이름 텍스트를 클릭하면 해당 항목에 배경색이 적용됩니다. "빨강"을 클릭하면 해당 항목 배경은 빨간색이 되고, "파랑"을 클릭하면 해당 항목 배경색은 파란색이 됩니다.

◈ 마크업 샘플 05-01.

```
---생략---
    <script>
        $( document ).ready( function() {
            $( '#color li' ).click( function() {
                const i = $( this ).index() + 1;
                let  j = "";
                console.log( i );
                switch( i ) {
                    case 1 : j= "red"; break;
                    case 2 : j= "purple"; break;
                    case 3 : j= "blue"; break;
                    case 4 : j= "green"; break;
                    case 5 : j= "yellow";
                }
                $( '#color li' ).removeClass(); //모든 클래스 삭제
```

```
                    $( this ).addClass( j );  //클릭한 <li>에 클래스 추가
                });
            });
        </script>
<style>
    #color { max-width: 600px; margin: auto; padding: 20px; border: 2px dashed gray; }
    ol { list-style-position: inside; padding-left: 0; }
    li { padding: 6px; }
    .red { background: red; }
    .purple { background: purple; }
    .blue { background: blue; }
    .green { background: green; }
    .yellow { background: yellow; }
    .pink { border: 2px dashed pink; }
</style>
</head>
<body>
    <section id="color">
        <h2>원하는 색 이름을 클릭하세요.</h2>
        <ol>
            <li>빨강</li>//index 번호 [0]
            <li>보라</li>//index 번호 [1]
            <li>파랑</li>//index 번호 [2]
            <li>초록</li>//index 번호 [3]
            <li>노랑</li>//index 번호 [4]
        </ol>
    </section>
</body>
</html>
```

- 브라우저에서 결과보기   https://narinpublisher.github.io/perfect_jquery/addClass.html

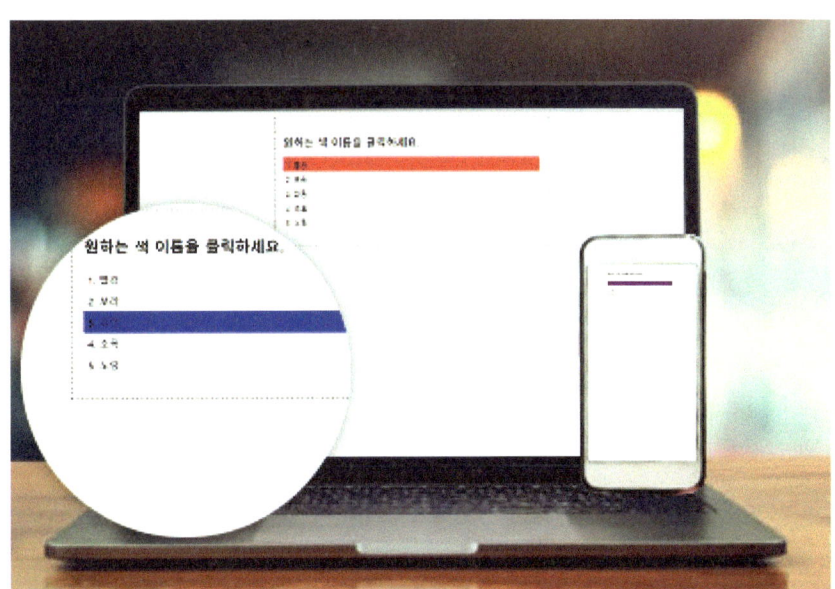

마크업 미리보기 화면 05-01

05-02. after() 메서드

제이쿼리 after() 메서드는 해당 요소 뒤에 지정 콘텐츠를 추가합니다. CSS의 ::after 가상 선택자와 유사한 기능이지만 after() 메서드는 요소 외부 뒤에 콘텐츠가 추가되고 ::after 가상 선택자는 요소 내부 뒤에 콘텐츠가 추가됩니다.

◆ 구문

```
$( selector ).after( 콘텐츠 );
$( selector ).after( 콘텐츠 , index( i ) { return  i+ "html"; });
```

◆ 참고

```
JS 방식,  <span>요소 앞에  ♣  추가_  $("span").before("♣");       =>    ♣[span영역]
CSS방식, <span>요소 앞에  ♣  추가_  span::before {content:"♣";}   =>    [♣span영역]
JS 방식,  <span>요소 뒤에  ♣  추가_  $("span").after("♣");        =>    [span영역]♣
CSS방식, <span>요소 뒤에  ♣  추가_  span::after {content:"♣";}    =>    [span영역♣]
```

다음 예시는, 목록 항목을 클릭할 때마다 HTML 엔티티 심볼 ✗ 모양이 목록 항목 외부 뒤에 추가됩니다. <li> 요소는 블록 레벨 요소이며 넓이100% 이므로 ✗ 심볼은 클릭한 항목 다음 줄에 표시됩니다.

◆ 마크업 샘플 05-02.

```
---  생략  ---
<script>
    $( document ).ready( function() {
        $( ".fruits:first-child li" ).click( function() {
            $( this ).after( "&#10168;" ) ; //HTML 엔티티심볼
        });
    });
</script>
<style>
    .fruits{ max-width:600px; margin:auto; border:1px dashed gray; padding:10px; }
    .fruits h2 { font-size:1.3rem; }
    .fruits ul { list-style:none; }
    .fruits li { border:1px dotted lightgray; padding:5px; }
    .fruits:last-child { background:#eee; opacity:0.5; }
    .fruits:last-child  li::after { content:" \273F"; }
</style>
</head>
<body>
```

```html
    <section class="fruits">
        <h2>after()메서드(텍스트 항목을 클릭해 보세요)</h2>
        <ul>
            <li>딸기</li>
            <li>사과</li>
            <li>키위</li>
            <li>바나나</li>
            <li>포도</li>
        </ul>
    </section>
    <section class="fruits">
        <h2>::after 가상 선택자 (클릭안됨)</h2>
        <ul>
            <li>딸기</li>
            <li>사과</li>
            <li>키위</li>
            <li>바나나</li>
            <li>포도</li>
        </ul>
    </section>
</body>
</html>
```

- 브라우저에서 결과보기   https://narinpublisher.github.io/perfect_jquery/after.html

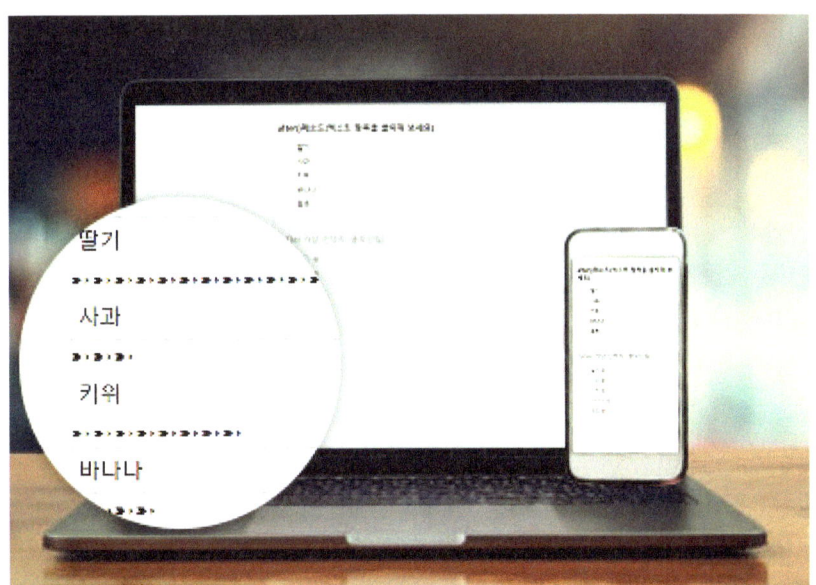

마크업 미리보기 화면 05-02

05-03. append() 메서드

제이쿼리 append() 메서드는 선택한 요소 내부 끝에 지정된 내용을 삽입합니다. CSS의 ::before 가상 선택자 기능과 결과가 같습니다.

◈ 구문

```
$( selector ).after( 콘텐츠 );
$( selector ).after( 콘텐츠 , index( i ) { return i+ "html"; });
```

◈ 참고

- `<span>`요소 뒤에 (외부) ♣ 추가: `$("span").after("♣");`   =>   [span영역]♣
- `<span>`요소 끝에 (내부) ♣ 추가: `$("span").append("♣");`   =>   [span영역♣]

다음 예시는, 목록 항목을 클릭할 때마다 HTML 엔티티 심볼 하트 ♥ 모양이 항목 내부 끝에 추가됩니다.

◈ 마크업 샘플 05-03.

```html
<!DOCTYPE html>
<html lang="ko">
<head>
    <meta charset="utf-8">
    <meta name="viewport" content="width=device-width">
    <title>제이쿼리 append() 메서드</title>
    <script src="https://code.jquery.com/jquery-3.3.1.min.js"></script>
    <script>
        $( document ).ready( function(){
            $( ".fruits li" ).click( function() {
                $( this ).append( "<b style='color:red;'>&hearts;</b>" );
            });
        });
    </script>
    <style>
        .fruits { max-width: 600px; margin: auto; border: 1px dashed gray; padding: 10px; }
        .fruits h2 { font-size: 1.2rem; }
        .fruits li{ border: 1px dotted lightgray; padding: 5px; }
        .fruits:last-child { background: #eee; opacity: 0.5; }
.fruits:last-child  li::after { content: " ₩273F"; color: orange; }
```

```html
        </style>
    </head>
    <body>
        <section class="fruits">
            <h2>append()메서드 (텍스트 항목을 클릭해 보세요)</h2>
            <ul>
                <li>딸기</li>
                <li>사과</li>
                <li>키위</li>
                <li>바나나</li>
                <li>포도</li>
            </ul>
        </section>
        <section class="fruits">
            <h2>::after 가상 선택자를 이용한 꽃모양 심볼</h2>
            <ul>
                <li>딸기</li>
                <li>사과</li>
                <li>키위</li>
                <li>바나나</li>
                <li>포도</li>
            </ul>
        </section>
    </body>
</html>
```

- 브라우저에서 결과보기   https://narinpublisher.github.io/perfect_jquery/append.html

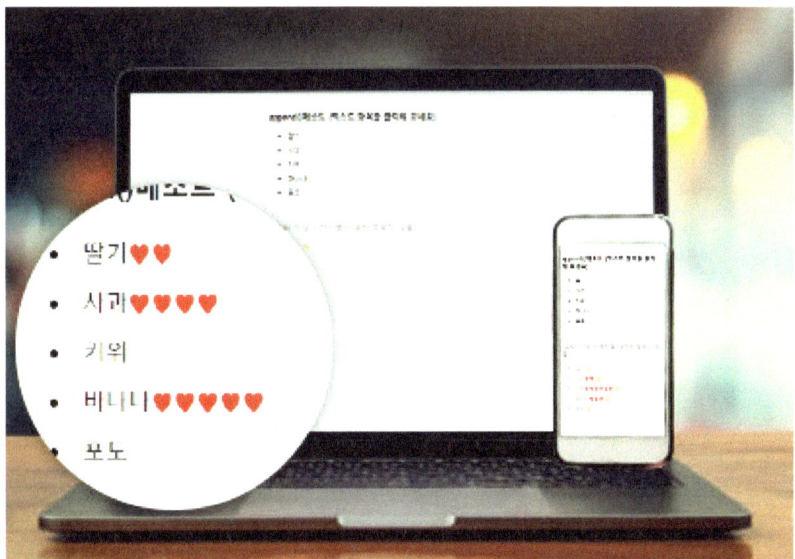

마크업 미리보기 화면 05-03

05-04. attr() 메서드

제이쿼리 attr() 메서드는 선택한 요소의 HTML 속성 값을 하나 이상 설정하거나 반환 받을 수 있습니다.

◈ 기본구문

```
$(selector).attr("HTML속성이름");
$(selector).attr("HTML속성이름" , "속성값");
```

◈ more

```
$( selector ).attr({ HTML속성 : "값" , HTML속성 : "값" });
$( selector ).attr( "HTML속성" , function(index,현재값) {구문;});
예시)
$( selector ).attr({ src : "http://adobe.com" , alt : "어도비" });
$( selector ).attr( "src", function( x , y ) { return  y="company.html"; });
```

다음 예시는, 이미지를 클릭하면 클릭 한 이미지의 파일명과 대체 텍스트가 표시됩니다.

◈ 마크업 샘플 05-04.

```html
<!DOCTYPE html>
<html lang="ko">
<head>
   <meta charset="utf-8">
   <meta name="viewport" content="width=device-width">
   <title>제이쿼리 attr() 메서드</title>
   <script src="https://ajax.googleapis.com/ajax/libs/jquery/3.3.1/jquery.min.js"></script>
   <script>
      $(document).ready(function(){
         $("img").click(function(){
            const x = $( this ).attr( 'src' );
            const y = $( this ).attr( 'alt' );
            $( "p" ).html( "파일명은 &quot;"+x+"&quot;이며, 대체텍스트는 &quot;" + y + "&quot; 입니다." );
         });
      });
   </script>
   <style>
```

```
      form {width:700px; margin:auto;}
      img{max-width:100%;}
      p{font-size:1.5rem; color:blue;}
   </style>
</head>
<body>
   <form action="#">
      <h1>이미지를 클릭하면 이미지 파일명과 대체텍스트가 표시됩니다</h1>
      <p></p>
      <img src="images/snow.jpg" alt="겨울 눈">
   </form>
</body>
</html>
```

- 브라우저에서 결과보기   https://narinpublisher.github.io/perfect_jquery/attr.html

마크업 미리보기 화면 05-04

05-05. before() 메서드

before() 메서드는 선택한 요소의 앞에(앞에) 지정된 내용을 삽입합니다.

◆ 기본구문

$(selector).before("콘텐츠");

◆ more

$(selector).before(function(index) { 구문; });

예시)

$(selector).before("제이쿼리연습중");

$(selector).before("<h1>제이쿼리연습중</h1>");

$(selector).before(function(i) { return "인덱스번호는" + i + "입니다" ; }

다음 예시는, 목록 항목을 클릭할 때마다 항목 앞에 html 요소와 텍스트가 추가됩니다.

◆ 마크업 샘플 05-05.

```
<!DOCTYPE html>
<html lang="ko">
<head>
    <meta charset="utf-8">
    <meta name="viewport" content="width=device-width">
    <title>제이쿼리 before() 메서드</title>
    <script src="https://code.jquery.com/jquery-3.3.1.min.js"></script>
    <script>
        $(document).ready(function(){
            $(".fruits li").click(function(){
                $(this).before("<b style='color:red;'>&#9834; 좋아 </b>");
            });
        });
    </script>
    <style>
        .fruits{max-width:600px; margin:auto; border:1px dashed gray; padding:10px;}
        .fruits li{border:2px dotted #666; padding:5px; margin:3px; display:inline-block;   width:55%;}
        .fruits:last-child  li::after {content:" ✏"; color:orange;}
```

```
        </style>
    </head>
    <body>
        <section class="fruits">
            <h2>before()메서드</h2>
            <ul>
                <li>딸기</li>
            </ul>
        </section>
    </body>
</html>
```

- 브라우저에서 결과보기   https://narinpublisher.github.io/perfect_jquery/before.html

마크업 미리보기 화면 05-05

05-06. css() 메서드

제이쿼리 css() 메서드는 선택한 요소에 대해 하나 이상의 스타일 속성을 설정하거나 반환합니다.

◆ 기본구문

```
$(selector).css( "CSS속성" ); //속성반환
$(selector).css( "CSS속성" , "속성값" ); //속성설정
$(selector).css({"CSS속성1" : "속성1값" , "CSS속성2":"속성2값"});
```

다음 예시는, 장미꽃 이미지를 클릭하면 장미꽃 이미지는 타원형이 되면서 반투명 해 집니다.

◆ 마크업 샘플 05-06.

```html
<!DOCTYPE html>
<html lang="ko">
<head>
    <meta charset="utf-8">
    <meta name="viewport" content="width=device-width">
    <title>제이쿼리 css() 메서드</title>
    <script src="https://code.jquery.com/jquery-3.3.1.min.js"></script>
    <script>
        $(document).ready(function(){
            $(".rose img").click(function(){
                $(this).css({ "border-radius":"200px","opacity":0.5 });
            });
        });
    </script>
    <style>
        .rose{max-width:600px; margin:auto; border:1px dashed gray; padding:10px;}
        .rose img{width:100%;}
    </style>
</head>
<body>
    <section class="rose">
        <h2>장미꽃을 클릭하면 꽃은 동그랗게 반투명해집니다.</h2>
        <img src="images/rose.jpg" alt="장미꽃">
    </section>
</body>
</html>
```

- 브라우저에서 결과보기   https://narinpublisher.github.io/perfect_jquery/css.html

마크업 미리보기 화면 05-06

05-07. hasClass() 메서드

제이쿼리 hasClass() 메서드는 선택한 요소에 지정된 클래스 이름 (클래스 속성 값)이 있는지 확인할 수 있습니다. 선택한 요소가 최소한 하나 이상 지정된 클래스 이름이 있다면 "true"를 반환합니다.

◈ 기본구문

```
$(selector).hasClass( "클래스 속성 값" );
//해당 요소가 지정 클래스 속성 값을 가지고 있다면, true가 반환됩니다.
```

다음 예시는, "snow"라는 클래스 이름이 있는 이미지를 클릭하면 해당 이미지는 snow 이미지로 변경되고 대체 텍스트도 "겨울 눈"으로 변경됩니다.

◈ 마크업 샘플 05-07.

```html
<!DOCTYPE html>
<html lang="ko">after.html
<head>
    <meta charset="utf-8">
    <meta name="viewport" content="width=device-width">
    <title>제이쿼리 hasClass() 메서드</title>
    <script src="https://code.jquery.com/jquery-3.3.1.min.js"></script>
    <script>
        $(document).ready( function () {
            $( "img" ).click( function () {
                if(  $( this ).hasClass( "snow" ) == true  ) {
                    $( this ).attr({  "src": "images/snow.jpg", "alt": "겨울 눈"  });
                }
            });
        });
    </script>
    <style>
        section{max-width:600px; margin:auto; border:1px dashed gray; padding:10px;}
        img {width:100%;}
    </style>
</head>
<body>
    <section>
        <h2>snow라는 클래스명이 있는 이미지를 클릭하면 그 이미지는 겨울 눈 이미지로 변합니다.</h2>
        <img src="images/rose.jpg" alt="장미꽃">
        <img src="images/rose.jpg" alt="장미꽃" class="snow">
    </section>
</body>
</html>
```

- 브라우저에서 결과보기 https://narinpublisher.github.io/perfect_jquery/hasClass.html

마크업 미리보기 화면 05-07

05-08. height() 메서드

제이쿼리 height() 메서드는 선택한 요소의 높이를 설정하거나 반환합니다. height() 메서드는 외부여백과 테두리와 내부여백이 제외된 콘텐츠 높이값을 반환하거나 설정합니다.

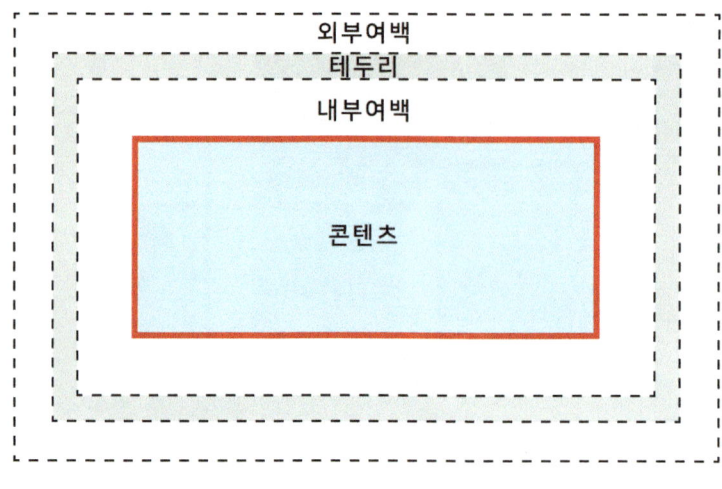

참고용 이미지 05-08-01

◆ 기본구문

```
$(selector).height( ); //높이 반환
$(selector).height( "클래스 속성 값" ); //높이 설정
```

◆ more

```
$( selector ).height( function( 인덱스번호, 현재높이값 ) {구문;} );
```
예시)
```
$( selector ).height( function( i , j ) { return  j + 200; } );
```
//해당요소의 현재 높이에서 200을 더한 값을 돌려 주므로 높이가 200픽셀 증가합니다.

다음 예시는, 두개의 이미지 중 임의의 이미지를 클릭하면 그 이미지의 높이 값이 다른 모든 이미지에 적용되어 모든 이미지 높이가 변경됩니다.

◆ 마크업 샘플 05-08.

```
---  생략  ---
<script>
   $(document).ready(function(){
      $("img").click(function(){
```

```
                const h = $(this).height();    //클릭한 이미지 높이값을 변수 h에 할당
                $("img").height( h );    //변수 h 값을 모든 이미지에 할당
            });
        });
    </script>
    <style>
        section { max-width:1000px; margin:auto; border:1px dashed gray; padding:10px; }
        div { display:flex; align-items:flex-start; }
        img { width:50%; }
    </style>
</head>
<body>
    <section>
        <h2>이미지를 클릭하면 클릭한 이미지 높이값을 전체 이미지에 적용하여 상대방 이미지 높이가 변경 됩니다.</h2>
        <div>
            <img src="images/rose.jpg" alt="장미꽃">
            <img src="images/winter.jpg" alt="겨울">
        </div>
    </section>
</body>
</html>
```

- 브라우저에서 결과보기   https://narinpublisher.github.io/perfect_jquery/height.html

마크업 미리보기 화면 05-08-02

05-09. outerHeight() 메서드

제이쿼리 outerHeight() 메서드는 선택한 요소의 내부여백 및 테두리 값이 포함 된 외부높이를 반환하거나 설정합니다. 선택한 요소가 두 개 이상일 때에는 첫 번째 요소의 외부높이를 반환합니다.

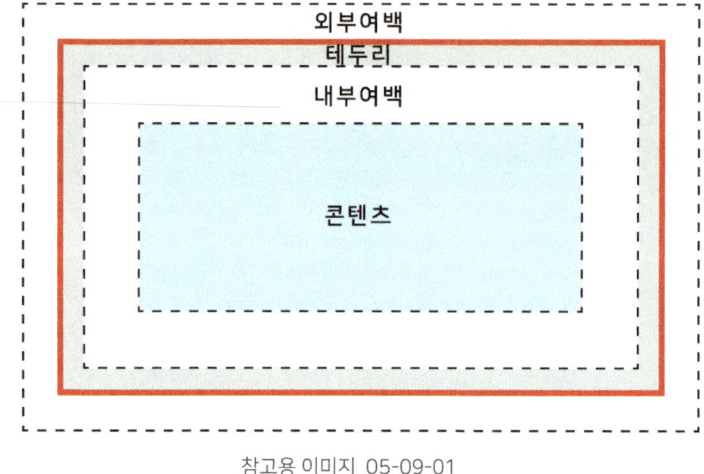

참고용 이미지 05-09-01

◆ 기본구문

```
$(selector).outerHeight( );  //높이 반환
$(selector).outerHeight( "클래스 속성 값" );  //높이 설정
$(selector).outerHeight( "true" );  //외부여백이 포함 된 외부높이 설정
```

다음 예시는, 노란영역(콘텐츠)을 클릭하면 해당 영역에 대한 세부 높이 값들이 표시됩니다.

◆ 마크업 샘플 05-09.

```
   --- 생략 ---
   <script>
     $(document).ready(function(){
       $("div").click(function(){
         const h = $(this).height();
         const b1 = $(this).css("border-top-width");
         const b2 = $(this).css("border-bottom-width");
         const p1 = $(this).css("padding-top");
         const p2 = $(this).css("padding-bottom");
         const o = $(this).outerHeight();
         $("p").html("콘텐츠 높이: "+ h +"px<br>상단테두리높이: "+ b1 +
           "<br>하단테두리높이: "+ b2 +"<br>상단내부여백 : "+p1 +"<br>하단내부여백 : "+
           p2 +"<br><i style='font-size:1.2rem; color:red;'>콘텐츠의 외부높이: "+ o+
         "px</i>");
```

```
            });
        });
    </script>
    <style>
        section{ max-width:600px; margin:auto; border:1px dashed gray; padding:10px; }
        div { width:500px; height:300px; padding:20px; border:5px dashed orange; margin:12px;
            background:gold; }
        p { font-weight:bold; color:blue; }
    </style>
</head>
<body>
    <section>
        <h2>아래 콘텐츠를 클릭하면 콘텐츠의  외부높이 값이 표시됩니다.</h2>
        <p></p>
        <div>콘텐츠</div>
    </section>
</body>
</html>
```

- 브라우저에서 결과보기   https://narinpublisher.github.io/perfect_jquery/outerHeight.html

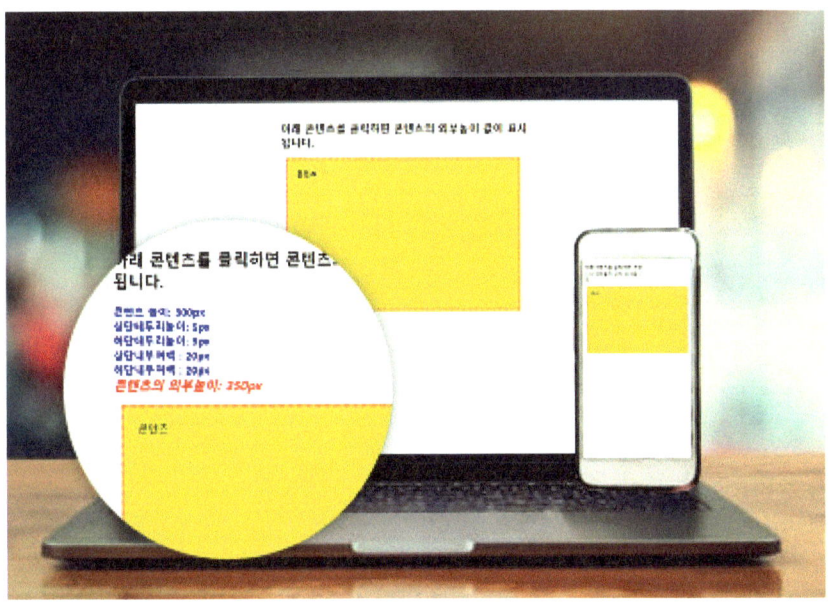

마크업 미리보기 화면 05-09-02

05-10. html() 메서드

제이쿼리 html() 메서드는 선택한 요소의 내용을 반환하거나 변경(설정)할 수 있습니다.

◆ 기본구문

```
$( selector ).html( );  //콘텐츠 반환
$( selector ).html( "콘텐츠" );  //콘텐츠 설정
```

◆ more

```
$(selector).html( function( 인덱스번호, 현재콘텐츠 ) { 구문; });
예시)
$(selector).html( function( x, y ) { return  x + "번째" + y });
//해당 요소의 콘텐츠 내용이 return 되어 변경됩니다.
```

다음 예시는, [show Text] 버튼을 클릭하면 목록에서 텍스트로 된 콘텐츠만 표시하게 되며, [show HTML] 버튼을 클릭하면 목록 내용을 그대로 표시합니다.

◆ 마크업 샘플 05-10.

```
   ---   생략   ---
<title>제이쿼리 html() 메서드</title>
<script src="https://ajax.googleapis.com/ajax/libs/jquery/3.3.1/jquery.min.js"></script>
<script>
  $(document).ready(function(){
    $("#btn1").click(function(){
      $("p").text("text()메서드는 텍스트를 반환합니다. " + $("ul").text());
    });
    $("#btn2").click(function(){
      $("p").html("<b>html()메서드는 html 태그를 반환합니다.</b><br>" +
      $("ul").html());
    });
  });
</script>
<style>
  section {max-width:600px; margin:auto;}
  ul {list-style:square;}
  p {border:1px solid orange; background:pink; padding:20px;}
</style>
```

```
</head>
<body>
    <section>
        <h1>제이쿼리로 보다 쉽게 HTML 컨텐츠를 가져올 수 있습니다.</h1>
        <ul>
            <li>text()는 텍스트(문자)을 가져올 수 있습니다.</li>
            <li>html()은 그림이나 글자나 미디어등을 포함한 html태그를 가져올 수 있습니다.</li>
            <li><img src="images/spring.jpg" width="100" alt="장미"></li>
        </ul>
        <button id="btn1">Show Text</button>
        <button id="btn2">Show HTML</button>
        <p></p>
    </section>
</body>
</html>
```

- 브라우저에서 결과보기   https://narinpublisher.github.io/perfect_jquery/html.html

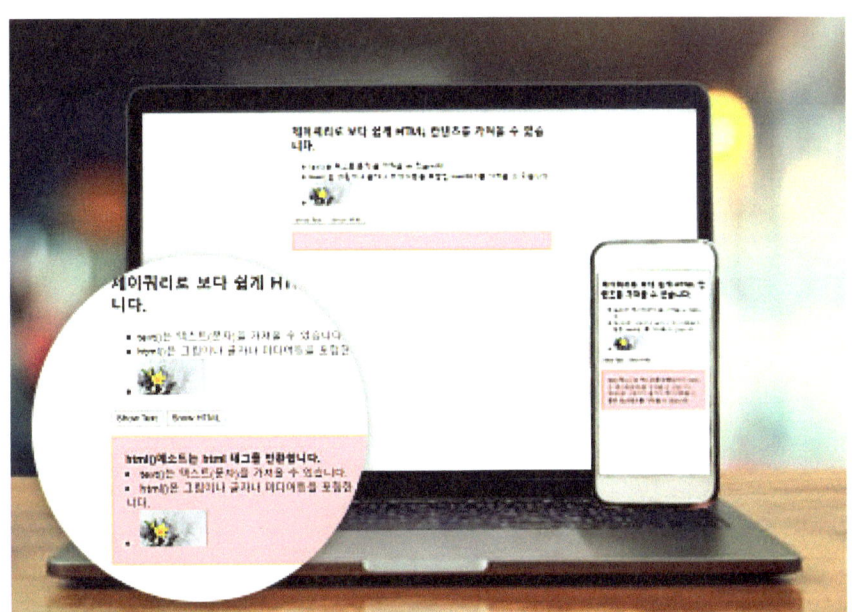

마크업 미리보기 화면 05-10

05-11. offset() 메서드

제이쿼리 offset() 메서드는 오프셋 좌표를 반환하거나 설정할 수 있습니다. offset() 메서드는 선택한 요소의 오프셋 좌표 즉, 문서의 top과 left를 기준으로 위치 값을 반환합니다. 해당 요소가 문서의 중앙에 배치되었다면, offset 좌표 값은 해당 영역의 위치 상황에 따라 달라질 수 있습니다. 두 개 이상의 요소가 선택되는 경우에는 일치하는 첫 번째 요소의 오프셋 좌표를 반환합니다.

◈ 기본구문

```
$( selector ).offset( ); //오프셋좌표 반환
$( selector ).offset({ top: 설정수치 , left: 설정수치 }); //오프셋좌표 설정
```

◈ more

```
$( selector ).offset( function( 인덱스번호, 현재오프셋 ) { 구문; });

예시)
$( selector ).offset( function( x, y ) {
   return   alert( "인덱스번호"+ x +"top좌표는 "+  y.top  +", left좌표는 " + y.left )
}); //해당 요소의 offset().top 값과 offset().left 값이 경고창에 표시됩니다.
```

다음 예시는, [노란색 영역의 x,y 오프셋 좌표 알아내기] 버튼을 클릭하면 노란색 영역에 대한 left와 top 오프셋 값이 경고창에 표시됩니다.

◈ 마크업 샘플 05-11.

```
---   생략   ---
<script>
    $( document ).ready( function() {
      $( "button" ).click( function(){
         $( "div>div" ).offset( function( x, y ) {
            alert(
               "노란영역의 오프셋 left 위치는 " + y.left + "픽셀, 오프셋 top 위치는 " + y.top +
               "픽셀입니다."
            );
         });
      });
    });
</script>
<style>
    body> div {background:silver; width:700px; height:300px; margin:auto; padding-top:100px;
```

```
        position:relative;}
    div> div {background:gold; width:400px; height:200px; margin:auto;}
    button {display:block; margin:20px auto;}
</style>
</head>
<body>
    <div>
        <div>
            오프셋 위치는 브라우저 크기에 영향을 받으므로,<br>
            브라우저 넓이나 높이값이 바뀐다면 오프셋 수치는 변동 될 수 있습니다.
        </div>
    </div>
    <button>노란색 영역의 오프셋  x,y 좌표 알아내기</button>
</body>
</html>
```

- 브라우저에서 결과보기   https://narinpublisher.github.io/perfect_jquery/offset.html

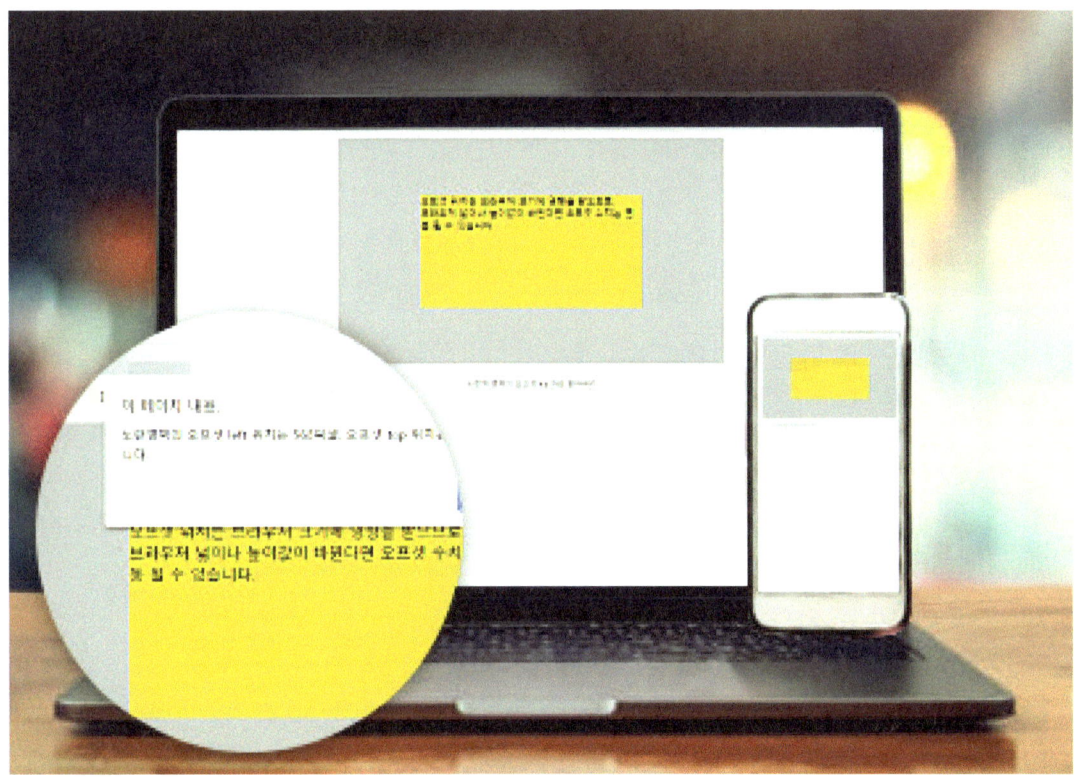

마크업 미리보기 화면 05-11

05-12. position() 메서드

제이쿼리 position() 메서드는 선택한 요소의 위치 값을 반환합니다. 부모 요소에 CSS position 속성이 설정되어 있다는 전제하에, 브라우저의 크기가 달라진다 하더라도 포지션 값은 그대로 유지 됩니다. 일치하는 요소가 두 개 이상일 때에는, 첫 번째 요소의 위치 값을 반환합니다. position() 메서드는 top 위치와 left 위치 값을 반환합니다.

◆ 기본구문

$(selector).**position( );** //포지션 좌표 반환

다음 예시는, [오렌지색 영역의 x,y 포지션 좌표 알아내기] 버튼을 클릭하면 left와 top 포지션 값이 경고창에 표시됩니다.

◆ 마크업 샘플 05-12.

```html
<!DOCTYPE html>
<html lang="ko">
<head>
    <meta charset="utf-8">
    <meta name="viewport" content="width=device-width">
    <title>제이쿼리 position() 메서드</title>
    <script src="https://code.jquery.com/jquery-3.3.1.min.js"></script>
    <script>
        $( document ).ready( function () {
            $( "button").click( function() {
                const x = $( "div>div").position();
                alert(  " left: " + Math.round( x.left ) + "픽셀, top: " + x.top  + "픽셀" );
            }); //예시) Math.round( 25.5 ) => (반올림) => 26
        });
    </script>
    <style>
        body> div {background:silver; width:700px; height:300px; margin:auto;
        padding-top:100px; position:relative;}
        div> div {background:orange; width:400px; height:200px; margin:auto; padding:20px;}
        button {display:block; margin:20px auto;}
    </style>
</head>
<body>
    <div>
        <div>포지션 위치는 브라우저 크기에 영향을 받지 않으므로,
            <br>브라우저 넓이나 높이값이 바뀐다 하더라도 포지션 수치는 변하지 않습니다.</div>
        </div>
        <button>오렌지색 영역의 x,y 포지션 좌표 알아내기</button>
</body>
</html>
```

- 브라우저에서 결과보기 https://narinpublisher.github.io/perfect_jquery/position.html

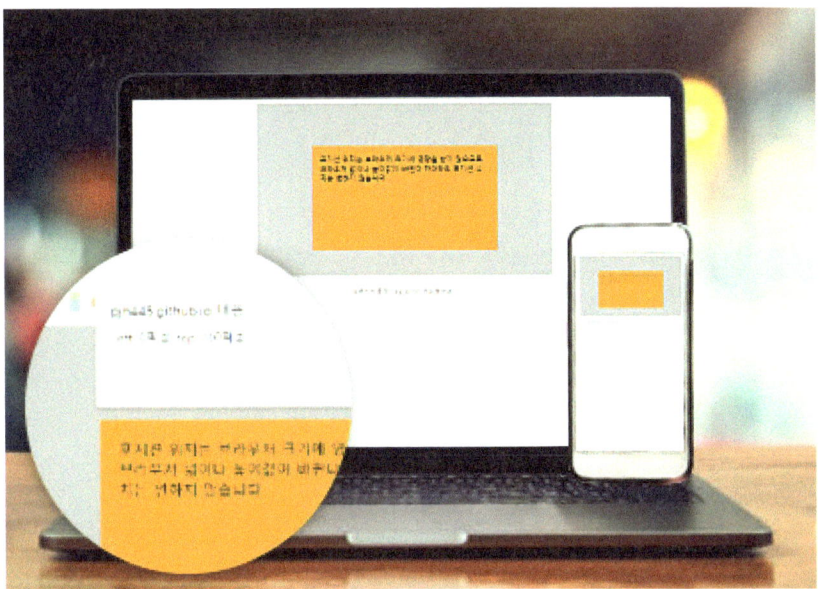

마크업 미리보기 화면 05-12

05-13. prepend() 메서드

제이쿼리 prepend() 메서드는 선택한 요소의 시작 부분에 지정된 내용을 삽입합니다. 선택한 요소의 끝에 내용을 삽입하려면 append() 메서드를 사용하세요.

◆ 기본구문

```
$(selector).prepend("콘텐츠" );
```

다음 예시는, [텍스트 추가하기] 버튼을 클릭할 때마다 <p> 요소 앞 부분에 HTML 엔티티 심볼이 포함된 텍스트가 추가되며, [목록 추가하기] 버튼을 클릭할 때마다 <ol> 요소 앞쪽에 HTML 엔티티 심볼이 포함된 텍스트 항목이 추가됩니다.

◆ 마크업 샘플 05-13.

```html
<!DOCTYPE html>
<html lang="ko">
<head>
    <meta charset="utf-8">
    <meta name="viewport" content="width=device-width"
    <title>제이쿼리 prepend() 메서드</title>
    <script src="https://code.jquery.com/jquery-3.3.1.min.js"></script>
    <script>
      $(document).ready(function(){
        $("#btn1").click( function(){
            $("p").prepend( "<b>&#9749; 티타임 </b>" ); //&#9749; <=엔티티심볼
        });
        $("#btn2").click( function(){
            $("ol").prepend( "<li>&#9997; 손글씨 </li>" ); //&#9997; <=엔티티심볼
            );
        });
    </script>
</head>
<body>
    <p>첫번째 텍스트 문단입니다.</p>
    <p>두번째 텍스트 문단입니다.</p>
    <ol>
        <li>아이템 1</li>
        <li>아이템 2</li>
        <li>아이템 3</li>
    </ol>
```

```
    <button id="btn1">텍스트 추가하기</button>
    <button id="btn2">목록 추가하기</button>
</body>
</html>
```

- 브라우저에서 결과보기　https://narinpublisher.github.io/perfect_jquery/prepend.html

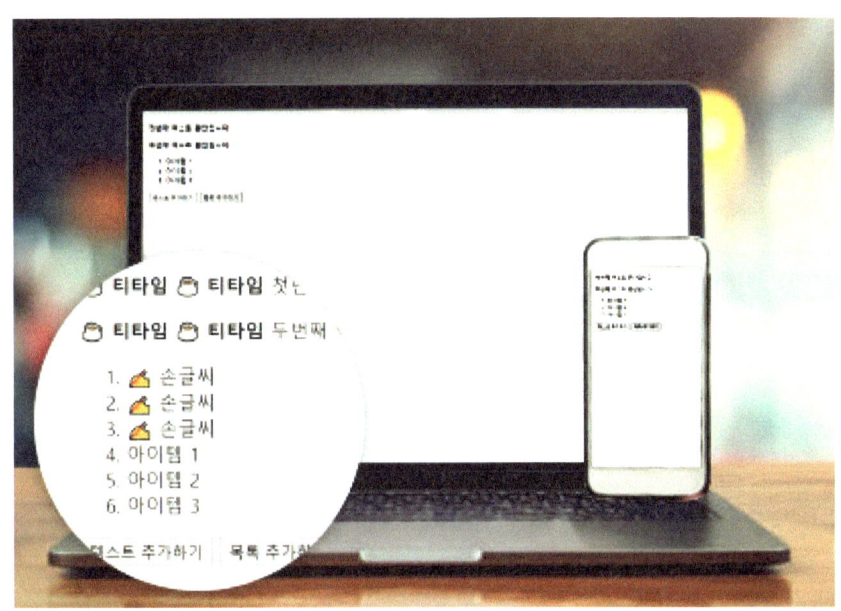

마크업 미리보기 화면 05-13

05-14. prop() 메서드

제이쿼리 prop() 메서드는 선택한 요소의 DOM 속성에 대한 값을 설정하거나 반환합니다. 선택된 요소가 두 개 이상이라면 첫 번째 일치하는 요소에 DOM 속성 값을 반환하게 됩니다.

◆ 기본구문

```
$( selector ).prop( "DOM속성" );
// 예시_   $( "input.pw" ).prop( "required" );          // 필수 속성으로 설정되었는지 여부를 검색함
$( selector ).prop( "DOM속성", "값" );
// 예시_   $( "input.email" ).prop( "disabled", false );   // 사용금지 속성을 무력화시킴
```

◆ HTML 속성을 제거할 때에는 removeAttr() 메서드를 사용하세요.

```
$(selector).removeAttr("속성");
//예시_   $("p.hobby").removeAttr("required");      // 필수속성 설정을 제거함
```

다음 예시는, prp() 메서드를 사용하여 취미가 4개 이상 선택되면 경고창이 표시되면서 3개 이상 선택할 수 없도록 제어합니다.

◆ 마크업 샘플 05-14.

```html
---   생략   ---
<script>
   $( document ).ready( function () {
      let   count = 0;
      $( "input[type= 'checkbox']" ).click( function (){
         //체크 된 개수를 count 변수에 대입
         count = $( "input:checked[type='checkbox']" ).length;
         if( count > 3 ){
            $( this ).prop( "checked" , false ); //체크할 수 있는 기능을 무력화(false) 시킴
            alert("3개까지만 선택할 수 있습니다." );
         }
      });
   });
</script>
</head>
<body>
   <h2>취미를 3가지 선택하세요</h2>
   <form>
```

```
            <label><input type="checkbox">등산</label><br>
            <label><input type="checkbox">낚시</label><br>
            <label><input type="checkbox">영화감상</label><br>
            <label><input type="checkbox">사격</label><br>
            <label><input type="checkbox">여행</label><br>
            <label><input type="checkbox">축구</label><br>
            <input type="submit" value="전송하기">
        </form>
    </body>
</html>
```

- 브라우저에서 결과보기   https://narinpublisher.github.io/perfect_jquery/prop.html

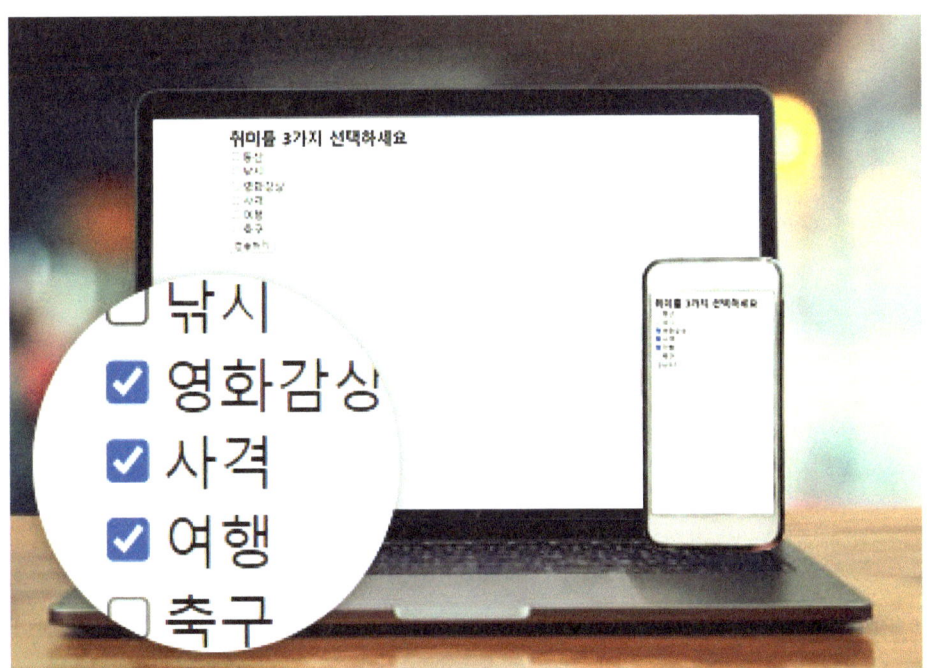

마크업 미리보기 화면 05-14

05-15. text() 메서드

제이쿼리 text() 메서드는 선택한 요소에 텍스트 내용을 설정하거나 반환합니다. text() 메서드를 사용하면 기존에 있었던 콘텐츠는 제거되고 새로운 텍스트로 대체됩니다. 선택한 요소가 두 개 이상일 때에는 일치하는 모든 요소에 텍스트 콘텐츠가 설정됩니다.

◈ 기본구문

```
$(selector).text( );           // 텍스트 콘텐츠 반환
$(selector).text("텍스트" );    // 텍스트 콘텐츠 설정
```

◈ more

```
$( selector ).text( function( index , content) { 구문 } );
//예시_   $( "h1" ).text( function( x, y ) { alert( x+ y );} );
```

다음 예시는, [Show Text] 버튼을 클릭하면 목록 항목 콘텐츠에서 텍스트 형 콘텐츠를 반환합니다. 그리고 [Show HTML] 버튼을 클릭하면 텍스트와 이미지와 HTML 태그까지 모두 반환합니다.

◈ 마크업 샘플 05-15.

```
---  생략  ---
<script>
   $( document ).ready( function () {
      $( "#btn1" ).click( function () {
         $( "p" ).text( "text()메서드는 텍스트를 반환합니다. " + $( "ul" ).text() );
      });
      $( "#btn2" ).click( function () {
         $( "p" ).html(
            "<b>html()메서드는 html 태그를 반환합니다.</b><br>" + $( "ul" ).html()
         );
      });
   });
</script>
<style>
   section { max-width:600px; margin:auto; }
   ul { list-style:square; }
   p { border:1px solid orange; background:pink; padding:20px; }
</style>
</head>
```

```
<body>
    <section>
        <h1>제이쿼리로 보다 쉽게 HTML 컨텐츠를 가져올 수 있습니다.</h1>
        <ul>
            <li>text()는 텍스트(문자)을 가져올 수 있습니다.</li>
            <li>html()은 그림이나 글자나 미디어등을 포함한 html태그를 가져올 수 있습니다.</li>
            <li><img src="images/spring.jpg" width="100" alt="장미"></li>
        </ul>
        <button id="btn1">Show Text</button>
        <button id="btn2">Show HTML</button>
        <p></p>
    </section>
</body>
</html>
```

- 브라우저에서 결과보기   https://narinpublisher.github.io/perfect_jquery/text.html

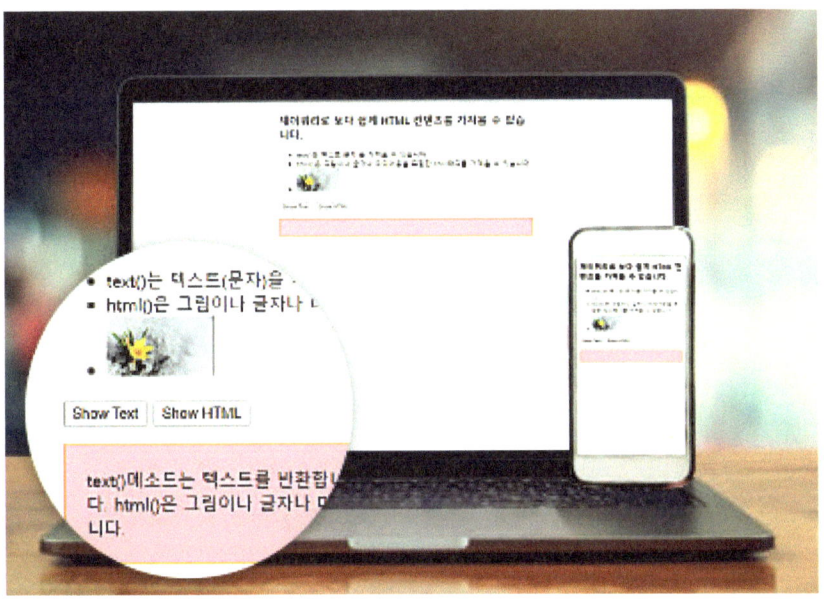

마크업 미리보기 화면 05-15

05-16. width() 메서드

제이쿼리 width() 메서드는 선택한 요소의 넓이를 설정하거나 반환합니다. 선택한 요소가 두 개 이상일 때에는 첫 번째로 일치하는 요소의 넓이를 반환합니다. width() 메서드는 선택한 요소의 '내부여백, 테두리두께, 외부여백'은 넓이 계산에 포함되지 않습니다.

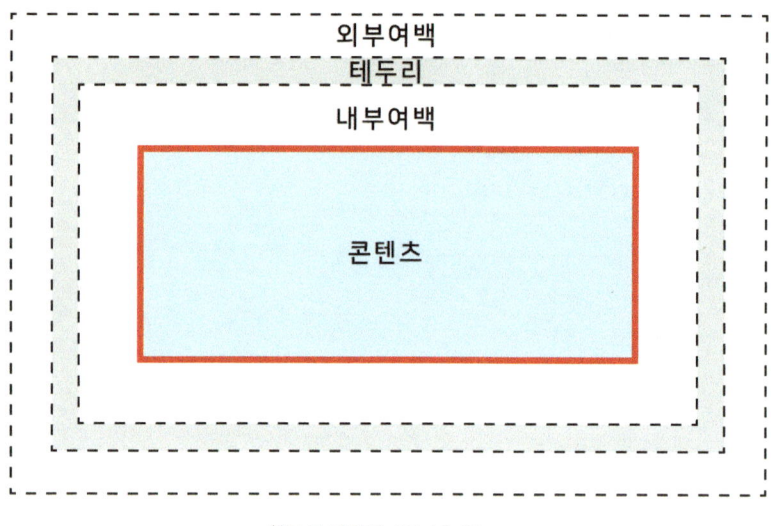

참고용 이미지 05-16-01

◈ 기본구문

```
$(selector).width( );          // 콘텐츠 넓이를 px로 반환
$(selector).width(value );     // 콘텐츠 넓이 설정
```

◈ more

```
$( selector ).width( function(index , 현재넓이){ 구문; } );
//예시_   $( "#notice" ).width( function( x, y ){ alert( x + " : "+y ); } );
$( selector ).innerWidth( );         //(내부여백 + 콘텐츠) 넓이 반환
$( selector ).outerWidth( );         //(내부여백 + 테두리 + 콘텐츠) 넓이 반환
$( selector ).outerWidth( true );    //(외부여백 + 내부여백 + 테두리 + 콘텐츠) 넓이 반환
```

다음 예시는, 이미지를 클릭하면 클릭한 이미지의 넓이가 표시 됩니다. (내부여백과 테두리 넓이는 포함되지 않음)

◈ 마크업 샘플 05-16.

```
---   생략   ---
<script>
  $(document).ready(function(){
    $("img").click(function(){
        const w = $(this).width();
        $("p").text( w );
    });
  });
</script>
<style>
  section{max-width:1000px; margin:auto; border:1px dashed gray; padding:10px;}
  p{text-align:center; font-size:1.5rem; font-weight:bold; color:red;}
  img {display:block; width:700px; margin:auto; padding:30px; border:10px solid pink;}
</style>
</head>
<body>
  <section>
    <h2>이미지를 클릭하면 클릭한 이미지의 넓이가 표시됩니다. (내부여백과 테두리는 제외)</h2>
    <p></p>
    <img src="images/spring.jpg" alt="겨울 눈에 핀 꽃"></section>
</body>
</html>
```

- 브라우저에서 결과보기   https://narinpublisher.github.io/perfect_jquery/width.html

마크업 미리보기 화면 05-16-02

05-17. innerWidth() 메서드

제이쿼리 innerWidth() 메서드는 선택한 요소의 넓이를 설정하거나 반환합니다. 선택한 요소가 두 개 이상일 때에는 첫 번째로 일치하는 요소의 넓이를 반환합니다. innerWidth() 메서드는 선택한 요소의 '내부여백'이 콘텐츠 넓이 계산에 포함됩니다.

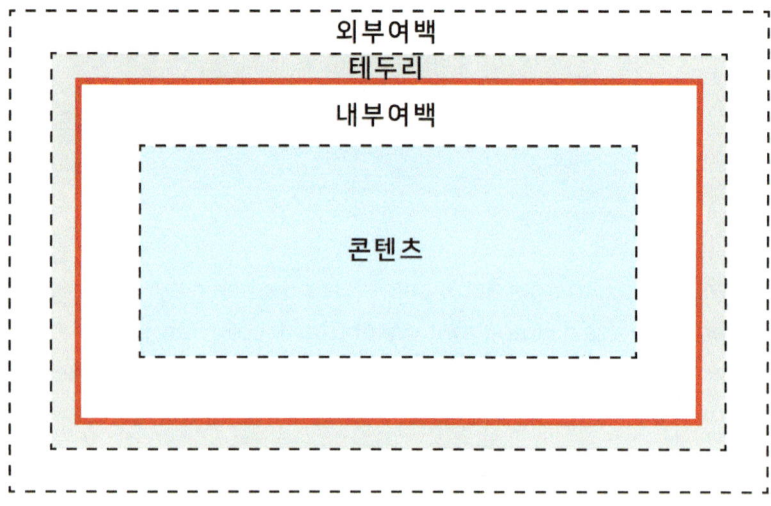

참고용 이미지 05-17-01

◆ 기본구문

```
$(selector).innerWidth( );         // (내부여백 + 콘텐트) 넓이를 px로 반환
$(selector).innerWidth(value );    // (내부여백 + 콘텐트) 넓이를 px로 설정
```

◆ more

```
$(selector).width( );             //(콘텐트) 넓이 반환
$(selector).innerWidth( );        //(내부여백 + 콘텐트) 넓이 반환
$(selector).outerWidth( );        //(내부여백 + 테두리 + 콘텐트) 넓이 반환
$(selector).outerWidth( true);    //(외부여백 + 내부여백 + 테두리 + 콘텐트) 넓이 반환
```

다음 예시는, 이미지를 클릭하면 클릭한 이미지의 넓이가 표시 됩니다. (내부 여백이 포함된 콘텐츠 넓이)

◆ 마크업 샘플 05-17.

```
   --- 생략 ---
   <script>
     $( document ).ready( function () {
       $( "img" ).click( function () {
```

```
      const w = $(this).innerWidth();
      $("p").text( w );
    });
  });
</script>
<style>
  section{max-width:1000px; margin:auto; border:1px dashed gray; padding:10px;}
  p{text-align:center; font-size:1.5rem; font-weight:bold; color:red;}
  img {display:block; width:700px; margin:auto; padding:30px; border:10px solid pink;}
</style>
</head>
<body>
  <section>
    <h2>이미지를 클릭하면 클릭한 이미지의 넓이가 표시됩니다. (내부여백 + 콘텐츠넓이)</h2>
    <p></p>
    <img src="images/spring.jpg" alt="겨울 눈에 핀 꽃">
  </section>
</body>
</html>
```

- 브라우저에서 결과보기　https://narinpublisher.github.io/perfect_jquery/innerWidth.html

마크업 미리보기 화면 05-17-02

CHAPTER 06

06.	DOM 탐색 메서드	....	136
06-01.	children() 메서드	....	136
06-02.	each() 메서드	....	138
06-03.	eq() 메서드	....	140
06-04.	filter() 메서드	....	142
06-05.	find() 메서드	....	143
06-06.	first() 메서드	....	146
06-07.	has() 메서드	....	148
06-08.	is() 메서드	....	150
06-09.	last() 메서드	....	152
06-10.	next() 메서드	....	154
06-11.	nextAll() 메서드	....	156
06-12.	nextUntil() 메서드	....	158
06-13.	not() 메서드	....	160
06-14.	parent() 메서드	....	162
06-15.	parents() 메서드	....	164
06-16.	parentsUntil() 메서드	....	166
06-17.	prev() 메서드	....	168
06-18.	prevAll() 메서드	....	170
06-19.	siblings() 메서드	....	172
06-20.	slice() 메서드	....	174

쉬운예제로 실습하며 이해하는 퍼펙트 제이쿼리

DOM탐색
메서드

06 제이쿼리 DOM탐색 메소드

제이쿼리 DOM요소 탐색 메서드는 HTML에서 원하는 요소를 탐색하여 찾습니다.
본 책자에서는 children(), each(), eq(), filter(), find(), first(), has(), is(), last(), next(), nextAll(), nextUntil(), not(), parent(), parents(), parentsUntil(), prev(), prevAll(), siblings(), slice() 메서드에 대해 학습합니다.

06-01. children() 메서드

제이쿼리 children() 메서드는 선택한 요소의 하위 요소들 중에서 첫 단계 하위인 직계 자식을 반환합니다. 자식의 자손 등을 찾으려면 find() 메서드를 사용하세요.

◆ 구문

$(selector).**children**("필터링 할 자식 선택자");

다음 예시는, div요소의 자식요소(children)중에서 두 번째 자식(이미지)에 대해 둥근 모서리와 외부광선 효과를 적용합니다.

◆ 마크업 샘플 06-01.

```
<!DOCTYPE html>
<html lang="ko">
<head>
    <meta charset="utf-8">
    <meta name="viewport" content="width=device-width">
    <title>제이쿼리 children() 메서드</title>
    <script src="https://code.jquery.com/jquery-3.3.1.min.js"></script>
    <script>
      $(document).ready(function(){
        $("#jewelry div").children( ":nth-child(2)" ).addClass("round");
      });
    </script>
    <style>
      html,body {font:10pt/180% "나눔고딕",arial;}
      #jewelry {max-width:1000px; margin:auto; padding:30px; border:10px dotted lightgray;}
      #jewelry h1 {font-size:1.2rem; margin:0;}
```

```
            #jewelry div {display:flex; justify-content:space-between; margin-top:20px;}
            #jewelry img {width:30%;}
            .round {border-radius:100px; box-shadow:3px 3px 20px tomato;}
        </style>
    </head>
    <body>
        <section id="jewelry">
            <h1>
                div요소의 자식요소(children)중에서 두번째 자식요소에 둥근 모서리와 외부광선 효과를 적용합니다.
            </h1>
            <div>
                <img src="images/jewelry-1.jpg" alt="쥬얼리">
                <img src="images/jewelry-2.jpg" alt="쥬얼리">
                <img src="images/jewelry-3.jpg" alt="쥬얼리">
            </div>
        </section>
    </body>
</html>
```

- 브라우저에서 결과보기   https://narinpublisher.github.io/perfect_jquery/children().html

마크업 미리보기 화면 06-01-01

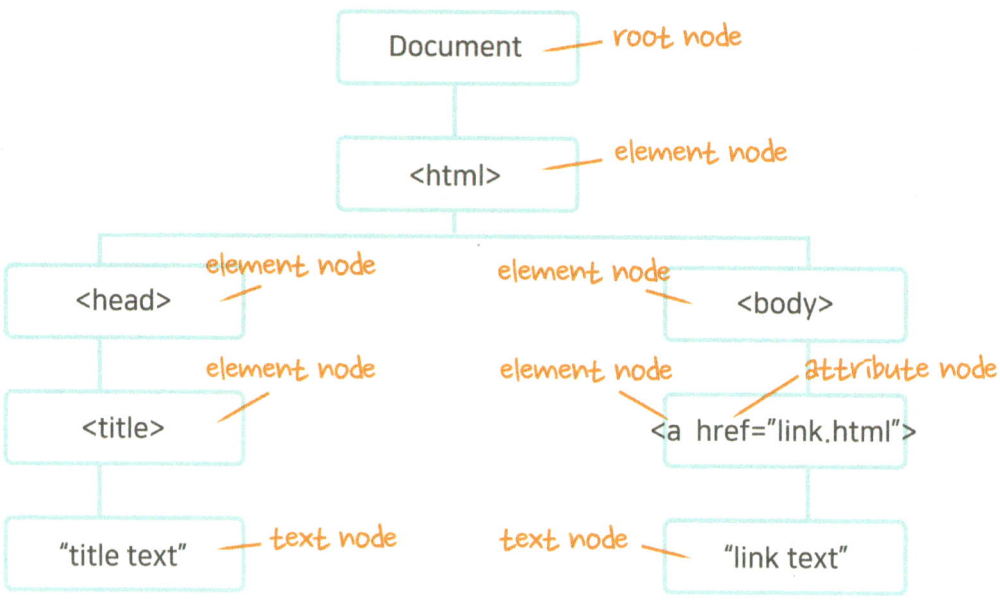

DOM node 06-01-02

06-02. each() 메서드

제이쿼리 each() 메서드는 선택된 같은 이름의 요소들 각각에 대해 순서대로 함수를 실행합니다.

◆ 기본구문

```
$( selector ).each( function인덱스 , 현재요소 ) { 구문; } );
//예시_   $("li").each( function ( x , y ) { alert( x + y.innerHTML ); } );
```

다음 예시는, 노란색 영역을 클릭하면 4개의 progress 바가 가진 value 값을 경고창에 순서대로 표시합니다.

◆ 마크업 샘플 06-02.

```
<!DOCTYPE html>
<html lang="ko">
<head>
    <meta charset="utf-8">
    <meta name="viewport" content="width=device-width">
    <title>제이쿼리 each() 메서드</title>
    <script src="https://code.jquery.com/jquery-3.3.1.min.js"></script>
    <script>
        $( document ).ready( function() {
            $( '#mySkill' ).click( function() {
```

```
            $( '#mySkill progress' ).each( function ( i ) {
                alert( "index " + i + "번째 값: " + $( this ).attr( "value" ) + "\n" );
            });
        });
    });
    </script>
    <style>
    * { margin:0; padding:0; }
        #mySkill {max-width:600px; border:1px solid red; background:gold; margin:20px auto;
        padding:20px;}
        #mySkill h1 {font-size:1.1rem; padding-bottom:20px;}
        #mySkill progress {margin:5px; width:100%; height:20px;}
    </style>
</head>
<body>
    <section id="mySkill">
        <h1>노란색 배경영역을 클릭하면 각 막대값의 수치가 경고창에 차례대로 표시됩니다.</h1>
        <progress  value="120"  max="300"></progress>
        <progress  value="290"  max="300"></progress>
        <progress  value="85"   max="300"></progress>
        <progress  value="220" max="300"></progress>
    </section>
</body>
</html>
```

- 브라우저에서 결과보기   https://narinpublisher.github.io/perfect_jquery/each.html

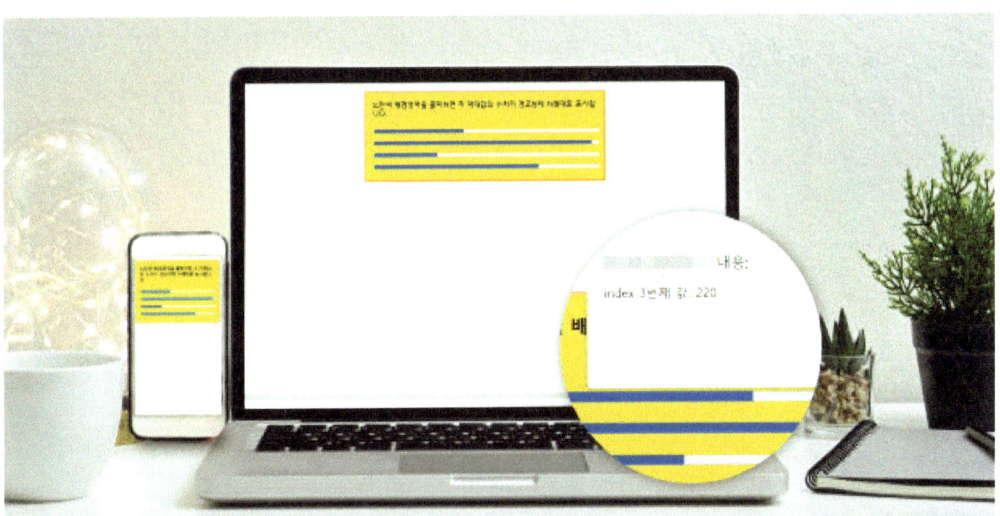

마크업 미리보기 화면 06-02

06-03. eq() 메서드

제이쿼리 eq() 메서드는 지정된 index 번호에 해당하는 요소를 반환합니다. 인덱스 번호는 0에서 시작하므로 첫 번째 요소의 인덱스 번호는 1이 아니고 0이라는 것에 유의하세요. 인덱스 번호를 음수로 지정하면 뒤에서 거꾸로 해당 번째 요소를 선택할 수 있습니다.

◆ 기본구문

$(selector).eq(인덱스 번호);

다음 예시는, [이미지 감추기]버튼을 클릭할 때마다 이미지가 하나씩 안보이게 되며, 모든 이미지가 안보이게 되면, 버튼은 [이미지 보이기]로 변경되고, 그 버튼을 클릭하면 이미지가 모두 보이게 됩니다.

◆ 마크업 샘플 06-03.

```
    ---  생략  ---
<script>
    $(document).ready(function(){
        const $img = $("#spring img");
        let i = 4; //이미지5개 => index번호 => [0,1,2,3,4]
        $("#spring button").click( function () {
            if ( i > 0 ) {
                $img.eq( i ).css( "opacity" , 0 ); //이미지 투명해짐.
                i--;
            } else if ( i == 0 ){
                $img.eq( i ).css( "opacity" , 0 );
                $( this ).text("이미지 보이기"); //버튼 텍스트 변경
                i--;
            } else {
                $img.css("opacity",1); //이미지 보이게 됨.
                $( this ).text(" 이미지 감추기" ); //버튼 텍스트 변경
                i = 4;
            }
        });
    });
</script>
<style>
    #spring {width:750px; margin:auto; border:1px solid red; padding:10px 20px;}
    #spring h1 {font:1.2rem/160% "나눔스퀘어","나눔고딕";}
    #spring button {padding:3px 10px; margin-bottom:30px;}
    #spring div {display:flex; justify-content:space-between;}
```

```
            #spring div img {width:18%;}
    </style>
</head>
<body>
    <section id="spring">
        <h1>
            [이미지 감추기]버튼을 클릭할 때마다 이미지가 하나씩 감춰지며, 이미지가 모두 감춰졌을때<br>
            버튼은 [이미지 보이기]로 변경되고, 버튼을 클릭하면 이미지가 모두 보이게 됩니다.
        </h1>
        <button>이미지 감추기</button>
        <div>
            <img src="images/spring0.jpg" alt="봄" id="spring0">
            <img src="images/spring1.jpg" alt="봄" id="spring1">
            <img src="images/spring2.jpg" alt="봄" id="spring2">
            <img src="images/spring3.jpg" alt="봄" id="spring3">
            <img src="images/spring4.jpg" alt="봄" id="spring4">
        </div>
    </section>
</body>
</html>
```

- 브라우저에서 결과보기   https://narinpublisher.github.io/perfect_jquery/eq-1.html

마크업 미리보기 화면 06-03

06-04. filter() 메서드

제이쿼리 filter() 메서드는 특정 기준과 일치하는 요소를 검색하여 반환합니다. 이 방법은 검색 범위를 좁히는 데 사용할 수 있습니다. filter()메서드는 not()메서드의 반대 결과가 반환됩니다.

◆ 기본구문

```
$(selector).filter("필터기준");   //예시_   $("p").filter(".red");
$(selector).filter( "필터기준" , function(index) );
 //예시_   $( "p" ).filter( function ( i ) { if ( i==1 ) {$( "span", this ).css( "background" , "red" ); } });
```

다음 예시는, 아이디명이 "txt"인 글 상자에 영문 텍스트를 입력하면 txt라는 변수에 저장됩니다. 그런 후 과일 목록인 <p> 문자열을 필터링하여 일치하는 문자열이 있는 <p> 요소들만 보이게 하고 해당 되지 않는 요소들은 보이지 않게 합니다.

◆ 마크업 샘플 06-04.

```
<!DOCTYPE html>
<html lang="ko">
<head>
    <meta charset="utf-8">
    <meta name="viewport" content="width=device-width">
    <title>제이쿼리 filter() 메서드</title>
    <script src="https://code.jquery.com/jquery-3.3.1.min.js"></script>
    <script>
        $( document ).ready( function () { //keyup()은 키를 눌렀다가 떼는 순간 이벤트 감지.
            $( "#txt" ).on( "keyup", function() {  //한 글자씩 입력할 때마다 변수 txt에 저장됨.
                let txt = $( this ).val();
                //과일 목록 글자를 필터링함.
                $( "#fruits section p" ).filter( function () { //toggle()은 필터 결과에 따라 show/hide를 전환함.
                    // index() > -1은 마지막 문자열 1개를 의미함.
                    $( this ).toggle( $( this ).text().indexOf( txt ) > -1 );
                });
            });
        });
    </script>
    <style>
        #fruits {max-width:500px; margin:auto; border:5px solid #eee; padding:10px 20px;}
    </style>
</head>
<body>
    <div id="fruits">
        <input id="txt" type="text" placeholder="과일이름을 기재하세요."><br>
```

```
        <section>
            <h1>과일 목록</h1>
            <p>사과</p>
            <p>딸기</p>
            <p>포도</p>
            <p>오렌지</p>
            <p>파인애플</p>
        </section>
    </div>
</body>
</html>
```

- 브라우저에서 결과보기   https://narinpublisher.github.io/perfect_jquery/filter.html

마크업 미리보기 화면 06-04

06-05. find() 메서드

제이쿼리 find() 메서드는 선택한 요소의 자손 요소들을 반환합니다. 자손에는 자녀, 손자, 증손자 등이 포함됩니다.

◆ 기본구문

```
$( selector ).find( "필터기준" );
//예시_    $( "p" ).find( " .red " );
//예시_    $( "p" ).find( " * " );
```

다음 예시는, 눈 이미지를 클릭하면 텍스트 항목에서 **홀수** 행 ("li:nth-child(**odd**)")부분에 아쿠아 배경색이 적용됩니다.

◆ 마크업 샘플 06-05.

```
   ---  생략  ---
<script>
    $( document ).ready( function () {
        $( "#show img" ).click( function () {
            $( "#show" ).find( "li:nth-child(odd)" ).css( "background","aqua" );
        });
    });
</script>
<style>
    html,body {box-sizing:border-box;}
    #layout {width:600pt; margin:20px auto; box-shadow:1px 1px 10px aqua; padding:30px;}
    #layout h1 {font:1.2rem "나눔스퀘어","나눔고딕"; padding-bottom:20px;}
    #show img {width:50%; border-radius:10pt;}
    #show ul {list-style:none; line-height:170%; padding-left:0;}
    #show li {padding-left:30px;}
</style>
</head>
<body>
    <div id="layout">
        <h1>눈 이미지를 클릭하면 글 홀수 항목 라인이 아쿠아 배경색 됩니다.</h1>
        <section id="show">
            <h2>눈 ..... 윤동주</h2>
            <img src="images/snow.jpg" alt="눈">
            <ul>
                <li>지난밤에</li>
                <li>눈이 소복이 왔네</li>
```

```html
                    <li>지붕이랑</li>
                    <li>길이랑 밭이랑</li>
                    <li>추워진다고</li>
                    <li>덮어주는 이불인가봐</li>
                    <li>   </li>
                    <li>그러기에</li>
                    <li>추운 겨울에만 내리지</li>
                </ul>
            </section>
        </div>
    </body>
</html>
```

- 브라우저에서 결과보기   https://narinpublisher.github.io/perfect_jquery/find.html

마크업 미리보기 화면 06-05

06-06. first() 메서드

제이쿼리 first() 메서드는 선택한 요소들 중에서 첫 번째 요소를 반환합니다.

◆ 기본구문

```
$(selector).first( );
//예시_   $( "li" ).first( );    // <li> 중 첫 번째.
//예시_   $( "li" ).last( );     // <li> 중 마지막 번째.
```

다음 예시는, "눈 ..... 윤동주" 제목 영역을 클릭하면 눈 시 단락 첫 번째 행에 아쿠아 배경색이 적용 됩니다.

◆ 마크업 샘플 06-06.

```html
<!DOCTYPE html>
<html lang="ko">
<head>
    <meta charset="utf-8">
    <meta name="viewport" content="width=device-width">
    <title>제이쿼리 first() 메서드</title>
    <script src="https://code.jquery.com/jquery-3.3.1.min.js"></script>
    <script>
        $(document).ready(function(){
            $("#show h2").click(function(){
                $("#show li").first().css({"background":"aqua" ,
                "font":"italic 1.2rem '나눔스퀘어','batang'"});
            });
        });
    </script>
    <style>
        html,body {box-sizing:border-box;}
        #layout {width:600pt; height:600px; margin:20px auto; box-shadow:1px 1px 10px aqua;
        padding:30px; background:url("images/snow-1.jpg") no-repeat center top;}
        #layout h1 {font:bold 1.25rem "나눔스퀘어","나눔고딕"; padding-bottom:20px; color:tomato;}
        #show img {width:50%; border-radius:10pt;}
        #show ul {list-style:none; line-height:170%; padding-left:0;}
        #show li {padding-left:30px;}
    </style>
</head>
<body>
    <div id="layout">
```

```html
        <h1>"눈 ..... 윤동주" &#8600; 텍스트를 클릭하면  시 단락 첫번째 행에 아쿠아 배경색이 적용 됩니다.</h1>
        <section  id="show">
            <h2>눈 ..... 윤동주</h2>
            <ul>
                <li>지난밤에</li>
                <li>눈이 소복이 왔네</li>
                <li>지붕이랑</li>
                <li>길이랑 밭이랑</li>
                <li>추워진다고</li>
                <li>덮어주는 이불인가봐</li>
                <li>   </li>
                <li>그러기에</li>
                <li>추운 겨울에만 내리지</li>
            </ul>
        </section>
    </div>
</body>
</html>
```

- 브라우저에서 결과보기　https://narinpublisher.github.io/perfect_jquery/first-1.html

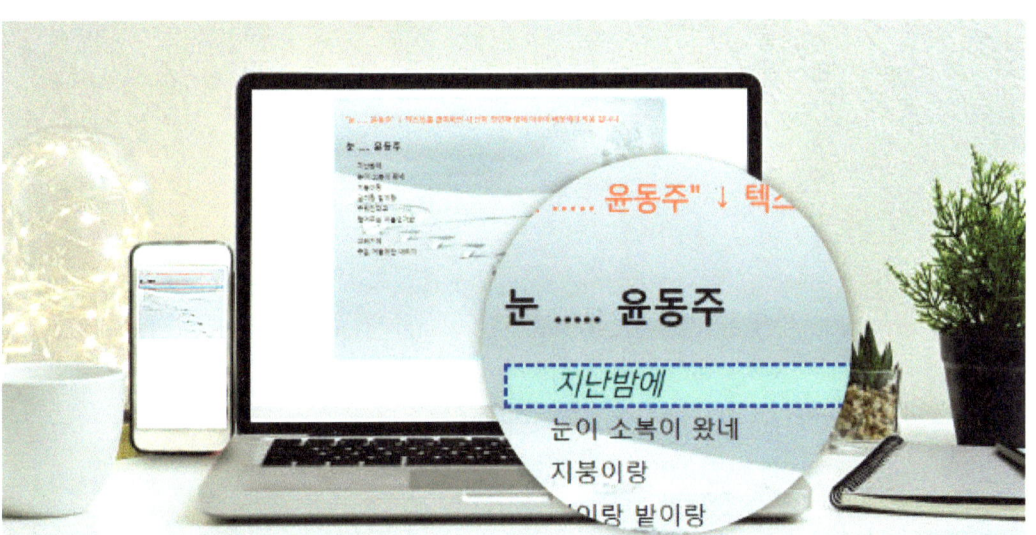

마크업 미리보기 화면 06-06

06-07. has() 메서드

제이쿼리 has() 메서드는 일치하는 요소가 포함된 모든 요소를 반환합니다. 지정 된 요소를 자손으로 가지고 있는 요소를 반환합니다.

◆ 기본구문

```
$( 선택자A ).has( 선택자B );    //선택자A에는 선택자B가 포함되어 있다.
$("p").has("span");            // <span>을 포함하고 있는 <p>요소
```

다음 예시는, <i> 요소가 포함 된 "#spring li" 요소에 테두리와 배경색 디자인이 적용됩니다.

◆ 마크업 샘플 06-07.

```html
<!DOCTYPE html>
<html lang="ko">
<head>
    <meta charset="utf-8">
    <meta name="viewport" content="width=device-width">
    <title>제이쿼리 has() 메서드</title>
    <script src="https://code.jquery.com/jquery-3.3.1.min.js"></script>
    <script>
        $(document).ready(function(){
            $( "#spring li" ).has( "i" ).css({
                "border" : "2px dashed yellowgreen" , "background" : "rgba(233,255,129, 0.5)"
            });
        });
    </script>
    <style>
        html,body {box-sizing:border-box;  font-size:18px;}
        #layout {width:600pt; height:600px; margin:20px auto; box-shadow:1px 1px 10px aqua; padding:30px; background:url("images/spring4.jpg") no-repeat center top/ cover;}
        #layout h1 {font:bold 1.2rem "나눔스퀘어","나눔고딕"; padding-bottom:20px; color:gold; text-align:center;}
        #spring img {width:50%; border-radius:10pt;}
        #spring ul {list-style:none; line-height:170%; padding-left:0;}
        #spring li {padding-left:30px; font:bold 1.2rem/180% "나눔스퀘어","나눔고딕"; text-shadow:1.2pt 1px 0px white;}
    </style>
</head>
<body>
```

```html
<div id="layout">
    <h1>&#10094;i&#10095; 요소가 포함된 "#spring li" 요소에 테두리 및 배경색 디자인이 표현됩니다.</h1>
    <section id="spring">
        <h2>봄 ..... 서정주</h2>
        <ul>
            <li>복사꽃 피고, 복사꽃 <i>지고</i>,</li>
            <li>뱀이 눈뜨고, 초록제비 무처오는</li>
            <li>하늬바람 우에 <span><b>혼령있는 <i>하눌</i>이어.</b></span></li>
            <li>피가 <b><i>잘</i></b> 도라…</li>
            <li>아무 <strong><i>병도</i></strong> 없으면 가시내야.</li>
            <li>슬픈일좀 슬픈일좀, 있어야겠다.</li>
        </ul>
    </section>
</div>
</body>
</html>
```

- 브라우저에서 결과보기   https://narinpublisher.github.io/perfect_jquery/has.html

마크업 미리보기 화면 06-07

06-08. is() 메서드

제이쿼리 is() 메서드는 선택한 요소 중 하나가 지정요소와 일치하는지 확인합니다.

◆ 기본구문

```
$( A ).is( B );   // "A" 선택자와 "B" 선택자가 일치 한다면  true를 반환함.
//예시_  $("p").parent().is("div")   //<p>의 부모는 <div>이다.  true 또는 false  반환
```

다음 예시는, 서로 다른 2개의 is() 메서드를 사용하여 디자인을 적용합니다.
첫번째는 <img>요소가 자신의 조상(부모,부모의 부모...)중에 <div>가 있다는 조건을 만족한다면, 둥근 사각형이 되면서 반시계 방향으로 회전하게 됩니다. 두번째는 클래스명이 "sec1"인 요소의 이전 형제 요소가 <div>라면, ".sec1" 요소 2곳에 토마토색 테두리 디자인을 표현합니다.

◆ 마크업 샘플 06-08.

```
--- 생략 ---
<script>
   $(document).ready(function(){
      $("p").click(function(){
         //<img>의 조상 중에 <div>가 있다면 CSS 디자인이 적용 됨.
         if ( $("img").parents().is( "div" ) ) {
            $("img").css({"border-radius":"100px","transform":"rotate(-10deg)"});
         }
         //class가 "sec1"인 요소의 이전요소가 <div>라면 CSS 디자인이 적용 됨.
         if( $(".sec1").prev().is( "div" ) ) {
            $(this).css("border","5px dashed tomato");
         }
      });
   });
</script>
<style>
   #layout {max-width:500px; margin:auto; margin-top:20px; box-shadow:0 0 10px red;
   padding:20px; border-radius:10px;}
   #layout h1{font:1.3rem "나눔스퀘어","나눔고딕";}
   #layout img {width:100%;}
   #layout .sec1 {margin:10px;}
</style>
</head>
<body>
<section id="layout">
```

```
        <h1>이미지를 클릭하면 디자인이 표현됩니다.</h1>
        <div>
            <p><img src="spring2.jpg" alt="봄"></p>
        </div>
            <section  class="sec1">
                <h2>테스트<b>중입니다.</b></h2>
            </section>
            <section  class="sec1">
                <h2>테스트<b>중입니다.</b></h2>
            </section>
        </section>
    </body>
</html>
```

- 브라우저에서 결과보기   https://narinpublisher.github.io/perfect_jquery/is.html

마크업 미리보기 화면 06-08

06-09. last() 메서드

제이쿼리 last() 메서드는 선택한 요소의 마지막 요소를 반환합니다.

◆ 기본구문

```
$(selector).last( );      //선택자들 중 마지막 선택자
$(" li ").last( );        //<li> 중 마지막 요소
```

다음 예시는, 해당 영역을 클릭하면 목록 마지막 항목에 배경색 등 디자인이 적용됩니다.

◆ 마크업 샘플 06-09.

```
--- 생략 ---
<script>
    $(document).ready(function(){
        $("#layout").click(function(){
            $(this).find("li").last().css({"background":"aqua", "padding":"10px 15px",
            "font-weight":"bold"});
        });
    });
</script>
<style>
    #layout {max-width:500px; margin:auto; margin-top:20px; box-shadow:0 0 10px blue;
    padding:20px; border-radius:10px;}
    #layout h1{font:1.3rem "나눔스퀘어","나눔고딕"; padding-bottom:20px;}
    #layout ul{list-style:none; }
</style>
</head>
<body>
    <section id="layout">
        <h1>이 영역을 클릭하면 마지막 항목에 배경색 등 디자인이 표현됩니다.</h1>
        <ul>
            <li>눈이 부시게 푸르른 날은</li>
            <li>그리운 사람을 그리워 하자<br><br></li>
            <li>저기 저기 저 가을 꽃 자리</li>
            <li>초록이 지쳐 단풍드는데<br><br></li>
            <li>눈이 내리면 어이하리야</li>
            <li>봄이 또 오면 어이하리야<br><br></li>
            <li>내가 죽고서 네가 산다면</li>
            <li>네가 죽고서 내가 산다면<br><br></li>
```

```
                <li>눈이 부시게 푸르른 날은</li>
                <li>그리운 사람을 그리워 하자<br><br></li>
                <li>
                    <i>시인 서정주... 눈이 부시게 푸르른 날은</i>
                </li>
            </ul>
        </section>
    </body>
</html>
```

- 브라우저에서 결과보기   https://narinpublisher.github.io/perfect_jquery/last().html

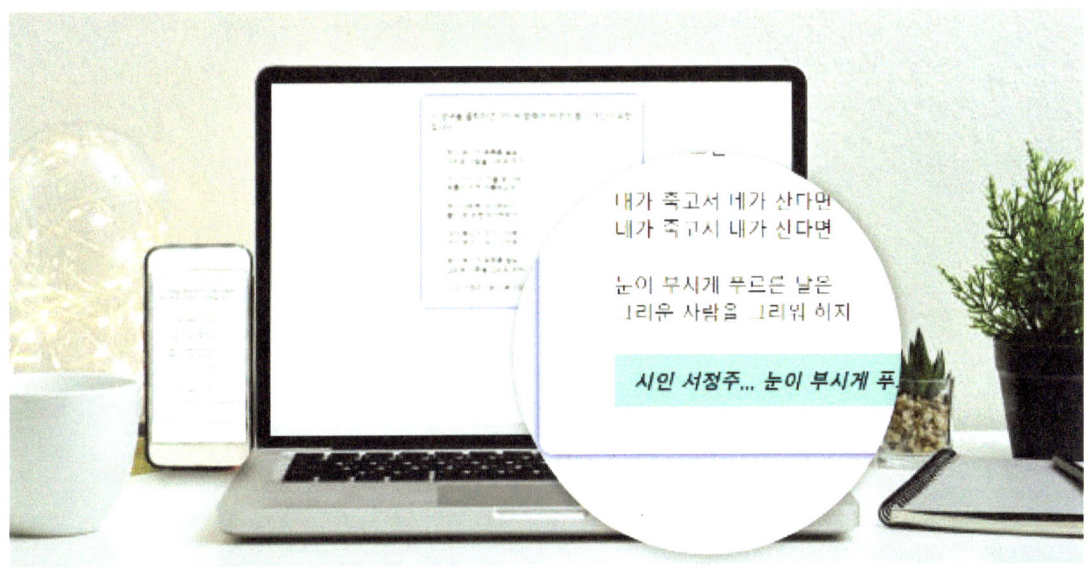

마크업 미리보기 화면 06-09

06-10. next() 메서드

제이쿼리 next() 메서드는 선택한 요소 바로 다음 형제 요소 하나를 반환합니다. 형제 요소란 동일한 부모를 공유하는 요소입니다.

◆ 기본구문

```
$( selector ).next( 선택자 );   //선택자  다음 형제요소  하나
//예시_   $( " li.red " ).next( );
```

◆ more

```
$( selector ).nextAll( "선택자" );    //선택자 다음 형제요소 모두
// 예시_   $(" li.red ").next( );    //red  클래스 다음 모든 형제요소를 반환

$( selector ).nextUntil( "스톱선택자" );    //선택자 ~ 스톱선택자 사이의 형제 요소들을 반환
// 예시_   $("li.start").nextUntil("li.stop");   //start와 stop 클래스를 제외한 그 사이의 형제 요소들
```

다음 예시는, 이미지 3개의 부모요소 <div> 다음에 오는 형제요소 <p>에 배경색이 표현되었습니다.

◆ 마크업 샘플 06-10.

```
--- 생략 ---
<script>
    $(document).ready(function(){
        $("#flowers div").next().addClass("bg_1");
    });
</script>
<style>
    * {margin:0; box-sizing:border-box;}
    html,body {font:15pt/180% "NanumSquare","NanumGothic","dotum";}
    #flowers{max-width:600px; margin:auto; margin-top:10px; border:1px dashed gray;
    padding:10px; text-align:center;}
    #flowers h2 {font-size:1.2rem; padding:20px;}
    #flowers div {display:flex; justify-content:space-between;}
    #flowers section{flex-basis:32%; border:10px solid pink; border-radius:15px; font-size:1.5rem;
    font-weight:bold; color:red; overflow:hidden;}
    #flowers img {display:block; width:100%; height:60%; margin:auto;}
    #flowers h3 {font-size:1.1rem; color:tomato; padding-top:17px;}
    #flowers p {padding:10px; margin-top:10px;}
    .bg_1 {background:oldLace;}
</style>
```

```html
</head>
<body>
    <section id="flowers">
        <h2>이미지 3개의 부모(div) 다음에 오는 형제요소(p)에 oldLace 배경색이 적용되었습니다.</h2>
        <div>
            <section>
                <img src="images/snow_flower-1.jpg" alt="겨울꽃">
                <h3>겨울꽃 1</h3>
            </section>
            <section>
                <img src="images/snow_flower-2.jpg" alt="겨울꽃">
                <h3>겨울꽃 2</h3>
            </section>
            <section>
                <img src="images/snow_flower-3.jpg" alt="겨울꽃">
                <h3>겨울꽃 3</h3>
            </section>
        </div>
        <p>겨울 꽃을 보면 생명의 강인한 아름다움에 탄성하게 됩니다.</p>
    </section>
</body>
</html>
```

- 브라우저에서 결과보기   https://narinpublisher.github.io/perfect_jquery/next.html

마크업 미리보기 화면 06-10

06-11. nextAll() 메서드

제이쿼리 nextAll() 메서드는 선택한 요소의 다음 형제 요소 모두를 반환합니다. 형제 요소란 동일한 부모를 공유하는 요소입니다.

◆ 기본구문

```
$(selector).nextAll( );           //선택자 다음 모든 형제요소
$("li:nth-child(2)").nextAll( );  //2번째 <li> 다음에 오는 모든 <li>를 반환

$(selector).nextAll( 특정선택자 );              //선택자 다음 모든 형제요소 중 "특정선택자"
$("li:nth-child(2)").nextAll(":not(.red)");   //2번째 이후 <li> 중 red 클래스를 뺀 모든 <li>반환
```

다음 예시는, 첫 번째 <section>인 [겨울꽃 1] 섹션 다음에 오는 모든 형제 요소에 class 스타일 디자인 2가지 (연두색 배경 + 빨간색 점선테두리)가 적용됩니다.

◆ 마크업 샘플 06-11.

```
--- 생략 ---
<script>
    $(document).ready(function(){
        $("#flowers section:first-child").nextAll().addClass( "border_1 bg_2" );
    });
</script>
<style>
    * {margin:0; box-sizing:border-box;}
    html,body {font:15pt/180% "NanumSquare","NanumGothic","dotum";}
    #flowers{max-width:700px; margin:auto; margin-top:10px; border:1px dashed gray; padding:10px; text-align:center;}
    #flowers h2 {font-size:1.15rem; padding:20px;}
    #flowers div {display:flex; justify-content:space-between;}
    #flowers section{flex-basis:24%; border:10px solid pink; border-radius:15px; font-weight:bold; color:red; overflow:hidden;}
    #flowers img {display:block; width:100%; height:60%; margin:auto;}
    #flowers h3 {font-size:1rem; color:tomato; padding-top:17px;}
    #flowers p {padding:10px; margin-top:10px;}
    .bg_1 {background:oldLace;}
    .bg_2 {background:yellowgreen;}
    #flowers section.border_1 {border:10px dotted red;}
</style>
</head>
<body>
    <section id="flowers">
```

```
        <h2>
            [겨울꽃 1] 섹션 다음에 오는 모든 형제 요소에 class 스타일 디자인 2가지 (연두색 배경 + 빨간색
            점선테두리)가 적용됩니다.
        </h2>
        <div>
            <section>
                <img src="images/snow_flower-1.jpg" alt="겨울꽃">
                <h3>겨울꽃 1</h3>
            </section>
            <section>
                <img src="images/snow_flower-2.jpg" alt="겨울꽃">
                <h3>겨울꽃 2</h3>
            </section>
            <section>
                <img src="images/snow_flower-3.jpg" alt="겨울꽃">
                <h3>겨울꽃 3</h3>
            </section>
            <section>
                <img src="images/snow_flower-4.jpg" alt="겨울꽃">
                <h3>겨울꽃 4</h3>
            </section>
        </div>
        <p class="bg_1">겨울 꽃을 보면 생명의 강인한 아름다움에 탄성하게 됩니다.</p>
    </section>
</body>
</html>
```

- 브라우저에서 결과보기   https://narinpublisher.github.io/perfect_jquery/nextAll.html

마크업 미리보기 화면 06-11

06-12. nextUntil() 메서드

제이쿼리 nextUntil() 메서드는 해당 선택자와 stop 사이의 다음 형제 요소들을 반환합니다. 형제 요소란, 동일한 부모 요소를 가진 요소를 의미합니다. stop 조건에 해당하는 형제 요소가 없을 경우에는, 시작 선택자 다음에 오는 모든 형제 요소를 반환합니다. 이 증상은 마치 nextAll()을 적용한 것과 같습니다.

◆ 기본구문

```
$( A ).nextUntil( B );                        //A와 B 사이에 있는 형제 요소를 반환
예시_  $("li.start").nexUntil("li.end");      //클래스 start와 end 사이에 있는 형제 요소를 반환

$( A ).nextUntil( B, 특정선택자);              //A와 B 사이의 형제 요소들 중 "특정선택자"에 해당되는 요소를 반환
예시_  $("li.start").nextUntil("li.end", ".red");  //클래스 start와 end 사이의 형제 요소중 클래스가 "red"인 요소
```

다음 예시는, id가 "flower"인 요소의 자손인 <section>들 중에서 첫번째와 마지막번째를 뺀 <section>요소들에 CSS class 디자인 "border_1"와 bg_2"가 적용되었습니다.

◆ 마크업 샘플 06-12.

```
---  생략  ---
<script>
    $(document).ready(function(){
        $("#flowers section:first-child").nextUntil( ":last-child" ).addClass("border_1 bg_2");
    });
</script>
<style>
    * {margin:0; box-sizing:border-box;}
    html,body {font:15pt/180% "NanumSquare","NanumGothic","dotum";}
    #flowers{max-width:600px; margin:auto; margin-top:10px; border:1px dashed gray;
    padding:10px; text-align:center;}
    #flowers h2 {font-size:1.15rem; padding:20px;}
    #flowers div {display:flex; justify-content:space-between;}
    #flowers section{flex-basis:24%; border:10px solid pink; border-radius:15px;
    font-weight:bold; color:red; overflow:hidden;}
    #flowers img {display:block; width:100%; height:60%; margin:auto;}
    #flowers h3 {font-size:1rem; color:tomato; padding-top:17px;}
    #flowers p {padding:10px; margin-top:10px;}
    .bg_1 {background:oldLace;}
    .bg_2 {background:#edffad;}
    #flowers section.border_1 {border:10px dotted #9db44d;}
</style>
</head>
<body>
```

```html
<section id="flowers">
    <h2>
        [겨울꽃 1] 섹션에서부터 출발하여 마지막 형제 섹션 사이에 있는 형제 요소들에게 2개의 클래스 스타일 디자인을 적용합니다.
    </h2>
    <div>
        <section>
            <img src="snow_flower-1.jpg" alt="겨울꽃">
            <h3>겨울꽃 1</h3>
        </section>
        <section>
            <img src="snow_flower-2.jpg" alt="겨울꽃">
            <h3>겨울꽃 2</h3>
        </section>
        <section>
            <img src="snow_flower-3.jpg" alt="겨울꽃">
            <h3>겨울꽃 3</h3>
        </section>
        <section>
            <img src="snow_flower-4.jpg" alt="겨울꽃">
            <h3>겨울꽃 4</h3>
        </section>
    </div>
    <p class="bg_1">겨울 꽃을 보면 생명의 강인한 아름다움에 탄성하게 됩니다.</p>
</section>
</body>
</html>
```

- 브라우저에서 결과보기   https://narinpublisher.github.io/perfect_jquery/nextUntil.html

마크업 미리보기 화면 06-12

06-13. not() 메서드

제이쿼리 not() 메서드는 특정 기준과 일치하지 않는 요소를 반환합니다. 기준과 일치하는 요소는 선택에서 제외됩니다. 이 방법은 선택한 여러 요소들에서 특정 하나 이상의 요소를 제외시키는데 유용합니다.

◈ 기본구문

```
$(A).not( 특정선택자 );      //"특정선택자"에 해당하지 않는 A 요소를 반환
예시_  $( "li" ).not( ".red" );     // class="red"가 아닌 <li> 요소들을 반환
```

다음 예시는, 겨울 꽃이 포함된 4개의 <section> 중에서 "sec3" 클래스 속성이 없는 섹션들에 "border_2"와 "bg_2" class 디자인이 적용되었습니다.

◈ 마크업 샘플 06-13.

```
---  생략  ---
<script>
   $(document).ready(function(){
      $("#flowers section").not(".sec3").addClass("border_2   bg_2");
   });
</script>
<style>
   * {margin:0; box-sizing:border-box;}
   html,body {font:15pt/180% "NanumSquare","NanumGothic","dotum";}
   #flowers{max-width:600px; margin:auto; margin-top:10px;
   border:1px dashed gray; padding:10px; text-align:center;}
   #flowers h2 {font-size:1.15rem; padding:20px; padding-bottom:40px;}
   #flowers div {display:flex; flex-direction:column;}
   #flowers section{width:90%; border:10px solid pink; border-radius:15px; font-weight:bold;
   color:red; overflow:hidden; margin:auto; margin-bottom:20px;}
   #flowers img {display:block; width:100%; margin:auto;}
   #flowers h3 {font-size:1rem; color:tomato; padding-top:17px;}
   #flowers p {padding:10px; margin-top:10px;}
   .bg_1 {background:oldLace;}
   .bg_2 {background:#edffad;}
   #flowers section.border_1 {border:10px dotted #9db44d;}
   #flowers section.border_2 {border:10px dashed tomato; border-radius:100%;}
</style>
</head>
<body>
   <section id="flowers">
```

```
<h2>"sec3" 클래스가 아닌 섹션에 "border_2"와 "bg_2" 클래스를 추가합니다.</h2>
<div>
    <section>
        <img src="images/snow_flower-1.jpg" alt="겨울꽃">
        <h3>겨울꽃 1</h3>
    </section>
    <section>
        <img src="images/snow_flower-2.jpg" alt="겨울꽃">
        <h3>겨울꽃 2</h3>
    </section>
    <section class="sec3">
        <img src="images/snow_flower-3.jpg" alt="겨울꽃">
        <h3>겨울꽃 3</h3>
    </section>
    <section>
        <img src="images/snow_flower-4.jpg" alt="겨울꽃">
        <h3>겨울꽃 4</h3>
    </section>
</div>
    </section>
</body>
</html>
```

- 브라우저에서 결과보기   https://narinpublisher.github.io/perfect_jquery/not-1.html

마크업 미리보기 화면 06-13

06-14. parent() 메서드

제이쿼리 parent() 메서드는 선택한 요소의 직접적인 부모 요소를 반환합니다.

◆ 기본구문

```
$( A ).parent( );            // A 요소의 부모를 반환
예시_  $ =( "li" ).parent( );   // <li>요소의 부모요소를 반환

$( A ).parent(특정선택자);    // A 요소의 부모이면서 "특정선택자"인 요소를 반환
예시_  $( "li" ).parent( ".ex" );  // <li>요소의 부모요소이면서 클래스가 "ex"인 요소를 반환
```

◆ more

```
//조상 즉 부모, 조부모, 증조부모..를 선택하려면 parents() 메서드를 사용하세요.
$(selector).parents( );
예시_  $(" .red ").parents( );    //"red" 클래스의 모든 조상요소를 반환

//지정 선택자와 stop 사이의 조상 요소들을 선택하려면 parentsUntil() 메서드를 사용하세요.
$(선택자).parentsUntil()( 스톱선택자 );
예시_  $("span.start").parentsUntil("ul.stop");
```

다음 예시는, 클래스명이 "txt2"인 <section>의 부모에 CSS 디자인 2가지를 적용합니다.

◆ 마크업 샘플 06-14.

```
---  생략  ---
<script>
   $(document).ready(function(){
      $(".txt2").parent().addClass("border_1  bg_1");
   });
</script>
<style>
   * {margin:0; box-sizing:border-box;}
   html,body {font:15pt/180% "NanumSquare","NanumGothic","dotum";}
   #flowers{max-width:800px; margin:auto; margin-top:10px; border:1px dashed gray;
   padding:10px; text-align:center; display:flex; flex-direction:column;}
   #flowers section{width:85%; border:2px solid pink; border-radius:20px; font-weight:bold;
   overflow:hidden; margin:auto; margin-bottom:20px;  display:flex; align-items:center;}
   #flowers section img {width:45%; d=isplay:block; }
   #flowers section h3  {width:55%; font-size:1.2rem; color:#d10024;}
   #flowers p {padding:10px; margin-top:10px;}
   .bg_1 {background:#faffe1;}
```

```
    .bg_2 {background:#ffe1e6;}
    #flowers section.border_1 {border:12px ridge #9db44d;}
    #flowers section.border_2 {border:2px dashed tomato; }
</style>
</head>
<body>
    <div id="flowers">
        <section>
            <img src="images/spring1.jpg" alt="봄풍경">
            <h3>봄풍경 1</h3>
        </section>
        <section>
            <img src="images/spring2.jpg" alt="봄풍경">
            <h3 class="txt2">봄풍경 2</h3>
        </section>
        <section>
            <img src="images/spring3.jpg" alt="봄풍경">
            <h3>봄풍경 3</h3>
        </section>
    </div>
</body>
</html>
```

- 브라우저에서 결과보기   https://narinpublisher.github.io/perfect_jquery/parent.html

마크업 미리보기 화면 06-14

06-15. parents() 메서드

제이쿼리 parents() 메서드는 선택한 요소의 모든 조상 즉, 부모 + 조부모 + 증조부모+ ... + <html>까지 반환합니다.

◆ 기본구문

$(A).**parents( )**;   // A 요소의 모든 조상을 반환
예시_ $("li").parents( );   // <li>요소의 모든 조상을 반환

$(A).**parents(특정선택자)**;   // A 요소의 조상들 중 "특정선택자" 요소를 반환
예시_ $("li").parents("div"); // <li>요소의 조상들 중 <div>를 반환

◆ more

//지정 선택자와 stop 사이의 조상 요소들을 선택하려면 parentsUntil() 메서드를 사용하세요.
$(선택자).**parentsUntil(스톱선택자)**;
-예시_ $("span.start").parentsUntil("ul.stop");

다음 예시는, 클래스명이 "txt2"인 요소의 모든 조상요소에 파란색 테두리 디자인 스타일을 적용합니다.

◆ 마크업 샘플 06-15.

```
---  생략  ---
<script>
    $(document).ready(function(){
        $(".txt2").parents().css("border","5px solid blue");
    });
</script>
<style>
    * {margin:0; box-sizing:border-box;}
    html,body {font:15pt/180% "NanumSquare","NanumGothic","dotum";}
    #flowers{max-width:800px; margin:auto; margin-top:10px; border:1px dashed gray;
    padding:10px; text-align:center; display:flex; flex-direction:column;}
    #flowers section{width:85%; border:2px solid pink; border-radius:20px; font-weight:bold;
    overflow:hidden; margin:auto; margin-bottom:20px;  display:flex; align-items:center;}
    #flowers section img {width:45%; display:block; }
    #flowers section h3  {width:55%; font-size:1.2rem; color:#d10024;}
    #flowers p {padding:10px; margin-top:10px;}
    .bg_1 {background:#faffe1;}
    .bg_2 {background:#ffe1e6;}
    #flowers section.border_1 {border:12px ridge #9db44d;}
```

```
#flowers section.border_2 {border:2px dashed tomato; }
</style>
</head>
<body>
    <div id="flowers">
        <section>
            <img src="images/spring1.jpg" alt="봄풍경">
            <h3>봄풍경 1</h3>
        </section>
        <section>
            <img src="images/spring2.jpg" alt="봄풍경">
            <h3 class="txt2">봄풍경 2</h3>
        </section>
        <section>
            <img src="images/spring3.jpg" alt="봄풍경">
            <h3>봄풍경 3</h3>
        </section>
    </div>
</body>
</html>
```

- 브라우저에서 결과보기   https://narinpublisher.github.io/perfect_jquery/parents.html

마크업 미리보기 화면 06-15

06-16. parentsUntil() 메서드

제이쿼리 parentsUntil() 메서드는 지정 선택자와 stop 사이의 모든 상위 요소 즉 조상 요소를 반환합니다. parentsUntil() 메서드는 특정 요소에 도달할 때까지 문서의 루트 <html> 요소까지 DOM 요소의 조상을 따라 위쪽으로 탐색합니다.

◆ 기본구문

```
$( A ).parentsUntil( B );                  // A요소와 B요소 사이의 모든 조상요소를 반환
예시_ $( "li span" ).parentsUntil( "#layout" );   // <span>과 "#layout" 사이의 조상들을 반환

$( A ).parentsUntil( B, 특정선택자 );       // A ~ B범위 안에 있는 "특정선택자" 요소
$( "li" ).parents( "div" , ".ex" );        // <li>와 <div>사이의 조상요소 중 class가 "ex"인 요소
```

다음 예시는, HTML 태그에서 alt="봄풍경1" 속성을 가진 요소에서, 조상요소로 거슬러 올라가면서 <body> 요소까지 검색하여, 그 사이에 있는 요소들에게 초록색 테두리 디자인을 적용합니다.

◆ 마크업 샘플 06-16.

```
---   생략   ---
<script>
   $(document).ready(function(){
      $('[alt="봄풍경1"]').parentsUntil( "body" ).css("border","5px solid green");
   })
</script>
<style>
   * {margin:0; box-sizing:border-box;}
   html,body {font:15pt/180% "NanumSquare","NanumGothic","dotum";}
   #flowers{max-width:800px; margin:auto; margin-top:10px; border:1px dashed gray;
      padding:10px; text-align:center; display:flex; flex-direction:column;}
   #flowers section{width:85%; border:2px solid pink; border-radius:20px; font-weight:bold;
      overflow:hidden; margin:auto; margin-bottom:20px; display:flex; align-items:center;}
   #flowers section img {width:45%; display:block; }
   #flowers section h3  {width:55%; font-size:1.2rem; color:#d10024;}
   #flowers p {padding:10px; margin-top:10px;}
</style>
</head>
<body>
   <div id="flowers">
      <section>
         <img src="images/spring4.jpg" alt="봄풍경1">
         <h3>봄풍경 1</h3>
      </section>
```

```
        <section>
            <img src="images/spring2.jpg" alt="봄풍경2">
            <h3>봄풍경 2</h3>
        </section>
        <section>
            <img src="images/spring0.jpg" alt="봄풍경3">
            <h3>봄풍경 3</h3>
        </section>
    </div>
</body>
</html>
```

- 브라우저에서 결과보기   https://narinpublisher.github.io/perfect_jquery/parentsUntil.html

마크업 미리보기 화면 06-16

06-17. prev() 메서드

제이쿼리 prev() 메서드는 선택한 요소의 이전 형제 요소 하나를 반환합니다. 형제 요소란 동일한 부모를 공유하는 요소입니다.

◆ 기본구문

```
$( A ).prev( );                    // A요소의 이전 형제 요소를 반환
$( "li span" ).prev( );            // <li>의 이전 형제 요소를 반환

$( A ).prev(특정선택자);            // A요소의 이전 형제 요소 중  ""특정선택자"인 요소
$( "p:nth-of-type(4)" ).prev( ".ex" );   // 네번째 <p>의 이전 형제요소가 class="ex"인 요소
```

다음 예시는, 오른쪽의 작은 썸네일 버튼이미지에서, 두번째 <button>의 이전 요소를 반시계방향 10도 회전합니다.

◆ 마크업 샘플 06-17.

```html
---  생략  ---
<script>
$(document).ready(function(){
$("#small button:nth-child(2)").prev().css("transform","rotate(-10deg)");
});
</script>
<style>
* {margin:0; padding:0; box-sizing:border-box;}
#gallery {width:760px; margin:auto; border:1px solid red; margin-top:50px;}
#gallery h2 {display:none;}
#gallery >div {display:flex; }
#gallery  button {border:none; background:transparent;}
#gallery  img   {max-width:100%; display:block;}
#small  {display:flex; flex-direction:column; justify-content:space-between;}
</style>
</head>
<body>
    <section id="gallery">
       <h2>이미지 갤러리</h2>
       <div>
          <div id="big">
             <a href="#"><img src="images/01_big.jpg" alt="울랄라 온수풀펜션"></a>
          </div>
          <div id="small">
             <button type="button" class="active"><img src="images/01_active.jpg"
                alt="울랄라 온수풀펜션"></button>
```

```html
                <button type="button"><img src="images/02.jpg" alt="하이락 글램핑"></button>
                <button type="button"><img src="images/03.jpg" alt="소노벨 비발디파크"></button>
                <button type="button"><img src="images/04.jpg" alt="풍차마을 아이리스펜션"></button>
                <button type="button"><img src="images/05.jpg" alt="바오하우스"></button>
            </div>
        </div>
    </section>
</body>
</html>
```

- 브라우저에서 결과보기   https://narinpublisher.github.io/perfect_jquery/prev.html

마크업 미리보기 화면 06-17

06-18. prevAll() 메서드

제이쿼리 prevAll() 메서드는 선택한 요소의 이전 형제 요소 모두를 반환합니다.

◆ 기본구문

```
$( A ).prevAll( );              // A요소의 이전 형제 요소 모두를 반환
$( "li span" ).prevAll( );      // <li>의 이전 형제 요소 모두를 반환

$( A ).prevAll( 특정선택자 );    // A요소의 이전 형제 요소들 중 "특정선택자"들을 반환
$( "li.start" ).prevAll( ".zz" ); // <li class="start">의 이전 형제 요소들 중 class="zz"인 요소들
```

다음 예시는, 오른쪽의 작은 썸네일 버튼이미지에서, 마지막 번째 버튼의 모든 이전 요소를 반시계 방향 10도 회전합니다.

◆ 마크업 샘플 06-18.

```
    --- 생략 ---
<script>
    $(document).ready(function(){
        $("#small button:last-child").prevAll().css("transform","rotate(-10deg)");
    });
</script>
<style>
    * {margin:0; padding:0; box-sizing:border-box;}
    #gallery {width:760px; margin:auto; border:1px solid red; margin-top:50px;}
    #gallery h2 {display:none;}
    #gallery >div {display:flex; }
    #gallery button {border:none; background:transparent;}
    #gallery img   {max-width:100%; display:block;}
    #small {display:flex; flex-direction:column; justify-content:space-between;}
</style>
</head>
<body>
    <section id="gallery">
        <h2>이미지 갤러리</h2>
        <div>
            <div id="big">
                <a href="#"><img src="images/01_big.jpg" alt="울랄라 온수풀펜션"></a>
            </div>
            <div id="small">
                <button type="button"><img src="images/02.jpg" alt="하이락 글램핑"></button>
```

```
                <button type="button"><img src="images/03.jpg" alt="소노벨 비발디파크"></button>
                <button type="button"><img src="images/04.jpg" alt="풍차마을 아이리스펜션">
                </button>
                <button type="button"><img src="images/05.jpg" alt="바오하우스"></button>
                <button type="button" class="active"><img src="images/01_active.jpg"
                alt="울랄라 온수풀펜션"></button>
            </div>
        </div>
    </section>
</body>
</html>
```

- 브라우저에서 결과보기   https://narinpublisher.github.io/perfect_jquery/prevAll.html

마크업 미리보기 화면 06-18

06-19. siblings() 메서드

제이쿼리 siblings() 메서드는 선택 요소의 (자신을 뺀) 모든 형제 요소를 반환합니다.

◆ 기본구문

```
$( A ).siblings( );              //A요소의 모든 형제 요소들을 반환
$(this).siblings( );             // (이벤트가 발생한) 이 요소의 형제요소 모두를 반환

$( A ).siblings(특정선택자);      //A요소의 형제 요소들 중 "특정선택자"들을 반환
$( ".bb ").siblings( ".zz" );    // class="bb"의 형제 요소들 중 class="zz"인 요소들을 반환
```

다음 예시는, 클래스명이 "active"인 요소의 모든 형제 요소에 대해 모서리를 둥글게 CSS 디자인 합니다.

◆ 마크업 샘플 06-19.

```
--  생략  ---
<script>
    $( document ).ready( function () {
        $( ".active" ).siblings().css( "border-radius" , "100%");
    });
</script>
<style>
    * {margin:0; padding:0; box-sizing:border-box;}
    #gallery {width:760px; margin:auto; border:1px solid red; margin-top:50px;}
    #gallery h2 {display:none;}
    #gallery >div {display:flex; }
    #gallery  button {border:none; background:transparent; overflow:hidden;}
    #gallery  img    {max-width:100%; display:block;}
    #small  {display:flex; flex-direction:column; justify-content:space-between;}
</style>
</head>
<body>
    <section id="gallery">
        <h2>이미지 갤러리</h2>
        <div>
            <div id="big">
                <a href="#"><img src="images/01_big.jpg" alt="울랄라 온수풀펜션"></a>
            </div>
            <div id="small">
                <button type="button"  class="active"><img src="images/01_active.jpg"
```

```
                alt="울랄라 온수풀펜션"></button>
                <button type="button"><img src="images/02.jpg" alt="하이락 글램핑"></button>
                <button type="button"><img src="images/03.jpg" alt="소노벨 비발디파크"></button>
                <button type="button"><img src="images/04.jpg" alt="풍차마을 아이리스펜션">
                </button>
                <button type="button"><img src="images/05.jpg" alt="바오하우스"></button>
            </div>
        </div>
    </section>
</body>
</html>
```

- 브라우저에서 결과보기   https://narinpublisher.github.io/perfect_jquery/siblings-1.html

마크업 미리보기 화면 06-19

06-20. slice() 메서드

제이쿼리 slice() 메서드는 나열 된 같은 이름의 요소들 중에서 index start 번호부터 index stop 번호까지의 요소들을 전부 반환합니다. index 번호는 요소의 진열 순서이며 0부터 시작합니다. stop번호가 없을 경우에는 start 번호부터 마지막 번호까지 반환합니다.

◈ 기본구문

```
$(A).slice(시작index);           // A요소 문자열 시작 index부터끝까지 반환
$("#zz").text().slice(2);         // 문자열에서 index 2부터 마지막 문자열까지 반환

$(A).slice(시작index , 끝index);  // 문자열에서 시작 index부터 끝index 이전까지. alert("abcdefghij".slice(2 , 5));
// 문자열 "cde"가 경고창에 표시.
```

다음 예시는, id= "small"인 요소의 자손 요소 중 <button> index 1 요소부터 끝까지, 어두워지는 필터 효과를 적용합니다. <p>와 <div>는 <button>요소가 아니므로 어두워지는 필터 효과가 적용되지 않습니다.

◈ 마크업 샘플 06-20.
- 작업전 https://narinpublisher.github.io/perfect_jquery/slice-before.html
- 작업후 https://narinpublisher.github.io/perfect_jquery/slice-after.html

```
--- 샘플 ---
<script>
    $(document).ready(function(){
        $("#small button").slice(1).css("filter","brightness(50%)");
    });
</script>
<style>
    * {margin:0; padding:0; box-sizing:border-box;}
    #gallery {width:760px; margin:auto; border:1px solid red; margin-top:50px;}
    #gallery h2 {display:none;}
    #gallery>div {display:flex; }
    #gallery img   {max-width:100%; display:block;}
    #small  {display:flex; flex-direction:column; justify-content:space-between;}
    #small  button {border:none; background:transparent; overflow:hidden;}
    #small p, #small div {padding:5px; margin:2px 0 1px 10px; border:1px solid gray;
        background:gold; text-align:center; }
</style>
</head>
<body>
    <section id="gallery">
        <h2>이미지 갤러리</h2>
        <div>
```

```html
            <div id="big">
                <a href="#"><img src="images/01_big.jpg" alt="울랄라 온수풀펜션"></a>
            </div>
            <div id="small">
                <button type="button" class="active"><img src="images/01_active.jpg" alt="울랄라 온수풀펜션"></button>
                <button type="button"><img src="images/02.jpg" alt="하이락 글램핑"></button>
                <button type="button"><img src="images/03.jpg" alt="소노벨 비발디파크"></button>
                <button type="button"><img src="images/04.jpg" alt="풍차마을 아이리스펜션"></button>
                <p>p요소</p>
                <div>div요소</div>
            </div>
        </div>
    </section>
</body>
</html>
```

- 브라우저에서 결과보기   https://narinpublisher.github.io/perfect_jquery/slice.html

마크업 미리보기 화면 06-20

부록

Document Object Model

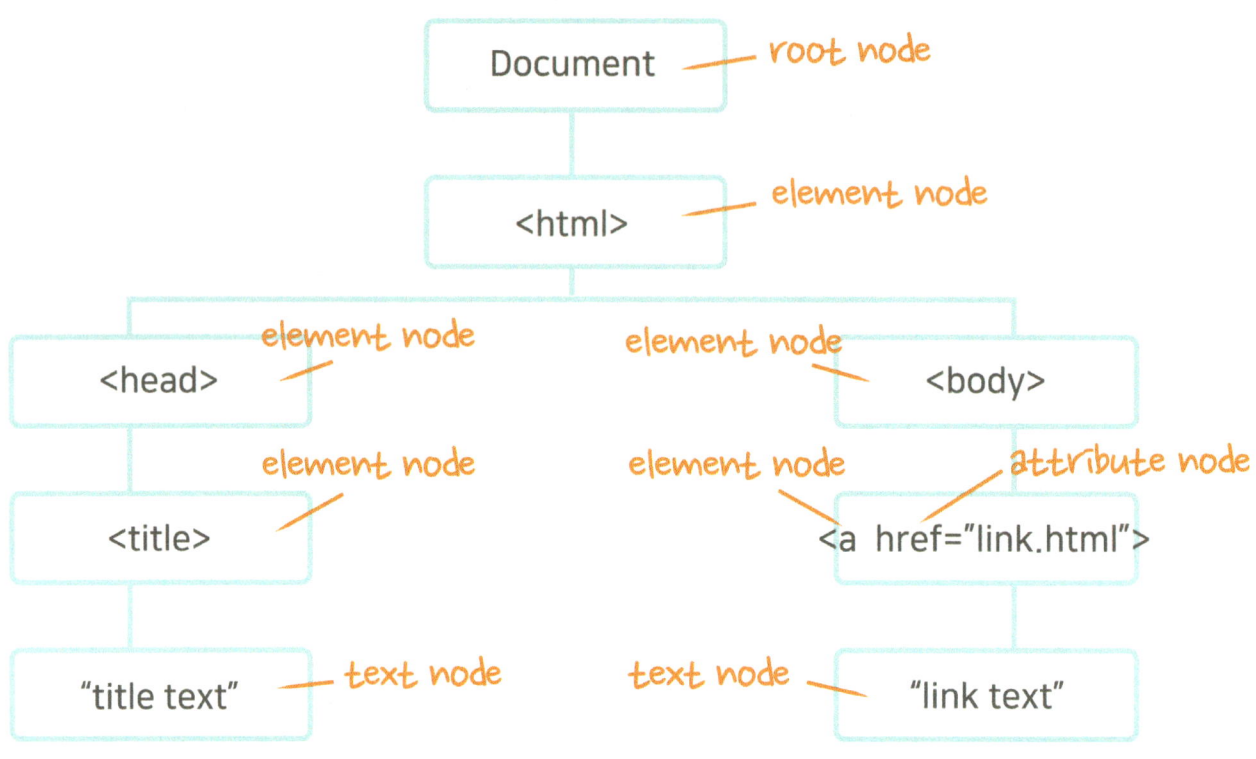

DOM node

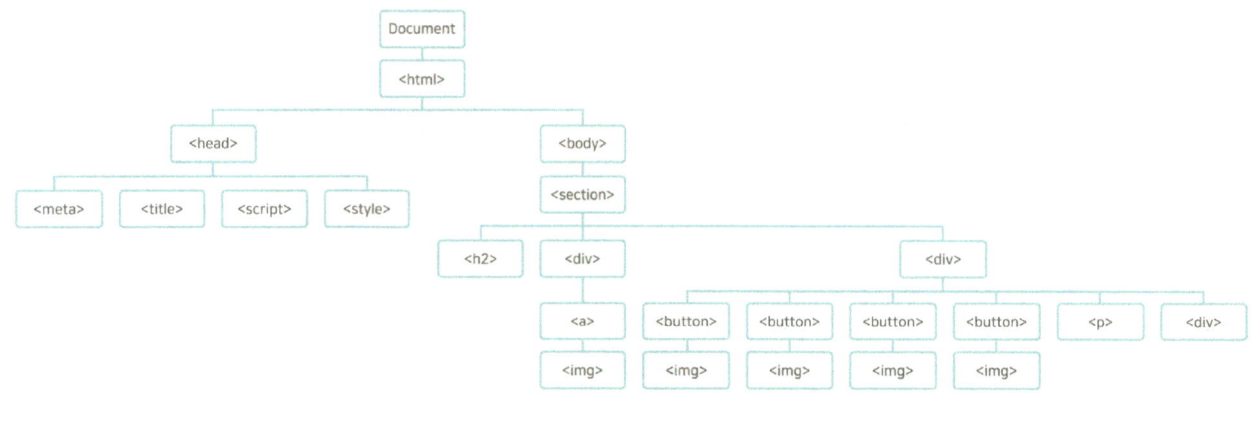

DOM tree

1. 'narin' 클래스가 설정되어 있는 <p> 요소가 있는지 알 수 있는 방법이 있나요?

 답변   **hasclass** 메서드를 사용하면 지정 클래스 설정여부를 알 수 있습니다.

```html
<!DOCTYPE html>
<html lang='ko'>
<head>
  <meta charset='utf-8'>
  <meta name='viewport' content='width=device-width'>
  <title>제이쿼리 테스트</title>
  <script src="https://ajax.googleapis.com/ajax/libs/jquery/3.7.1/jquery.min.js"></script>
  <script>
    $ ( document ).ready( function () {
      $( "p" ).click( function() {
        if ( $( this ).hasClass( "narin" ) ) {
          $( this ).css( { background : 'pink' } );
        }
      });
    });
  </script>
</head>
<body>

  <p>특정 클래스 설정 여부 테스트 중</p>
  <p class="narin">특정 클래스 설정 여부 테스트 중</p>

</body>
</html>
```

특정 클래스 설정 여부 테스트 중

특정 클래스 설정 여부 테스트 중

2. id가 pub인 요소를 찾으려면 어떻게 해야 할까요?

답변 **length** 키워드를 사용하여 찾을 수 있습니다.

```html
<!DOCTYPE html>
<html lang='ko'>
<head>
<meta charset='utf-8'>
<meta name='viewport' content='width=device-width'>
<title>제이쿼리 테스트</title>
<script src="https://ajax.googleapis.com/ajax/libs/jquery/3.7.1/jquery.min.js"></script>
<script>
  $ (document).ready ( function () {

    if ( $( "#pub" ).length ) {
      $( "#pub" ).show();
    }

  });
</script>
</head>
<body>

  <h2 id='pub' style="display:none; color:dodgerblue;">숨겨진 요소를 찾아서 보이게 하라</h2>
  <section>특정 클래스 설정 여부 테스트 중</section>

</body>
</html>
```

특정 요소를 찾아라

특정 클래스 설정 여부 테스트 중

3. id가 dream인 요소 내부에서 <b> 요소를 찾은 후 클래스를 추가하고 싶습니다.

 find 메서드를 사용하여 찾을 수 있습니다.

```html
<!DOCTYPE html>
<html>
<head>
<script src="https://ajax.googleapis.com/ajax/libs/jquery/3.7.1/jquery.min.js"></script>
<script>
  $( document ).ready ( function () {
     $( '#dream' ).find( 'b' ).addClass( 'blueLine' );
  });
</script>
<style>
  .blueLine { border: 2px dashed blue; padding: 4px 10px; }
</style>
<body>

  <section id="dream">
    <h2>지정 영역에서 특정 요소 찾기</h2>
    <p><b>하늘꿈</b> 출판사</p>
    <address>서울시 서초대로 112</address>
  </section>

</body>
</html>
```

지정 영역에서 특정 요소 찾기

[하늘꿈] 출판사

서울시 서초대로 112

4. 사용자에게 텍스트를 입력 받아서 다른 태그에 사용하려면 어떻게 해야 하나요?

답변 **change** 이벤트 메서드를 사용하여 구현할 수 있습니다.

```html
<!DOCTYPE html>
<html>
<head>
<script src="https://ajax.googleapis.com/ajax/libs/jquery/3.7.1/jquery.min.js"></script>
<script>
  $ ( document ).ready ( function () {
    $('#info input').change( function() {
      const email = $( this ).val();
      $( "#info p" ).text( email ) ;
    });
  });
</script>
<style>
  p { background: #ddd; padding:10px 20px; }
</style>
<body>
   <section id="info">
      <h2>텍스트를 입력받아서 사용하기</h2>
      <input type="text">
      <p></p>
   </section>

</body>
</html>
```

텍스트를 입력받아서 사용하기

나린출판사

나린출판사

5. id 이름에 샵(#)과 점(.)이 포함되어 있는데 이 요소를 어떻게 선택할 수 있을까요?

답변 **escapeSelector** 메서드를 사용하면 좀 더 쉽게 해당 요소를 선택할 수 있습니다.

```
<!DOCTYPE html>
<html lang='ko'>
<head>
<meta charset='utf-8'>
<meta name='viewport' content='width=device-width'>
<title>제이쿼리 테스트</title>
<script src="https://ajax.googleapis.com/ajax/libs/jquery/3.7.1/jquery.min.js"></script>
<script>
  $ ( document ).ready ( function () {
    $( "#" + $.escapeSelector( '#narin.pub' ) ).children( 'h2' ).addClass( 'skyblue' );
  });
</script>
<style>
  .skyblue { background: skyblue; padding:10px;}
</style>
<body>
        <section id="#narin.pub">
                <h2>텍스트를 입력받아서 사용하기</h2>
        </section>
</body>
</html>
```

텍스트를 입력받아서 사용하기

questions and answers

6. 10개의 항목 중에서 세 번째 항목의 텍스트를 어떻게 변경하죠?

답변 :nth-child 선택자를 사용하여 해당 항목을 찾고 text 메서드를 사용하여 텍스트를 변경할 수 있습니다.

```html
<!DOCTYPE html>
<html lang='ko'>
<head>
<meta charset='utf-8'>
<meta name='viewport' content='width=device-width'>
<title>제이쿼리 테스트</title>
<script src="https://ajax.googleapis.com/ajax/libs/jquery/3.7.1/jquery.min.js"></script>
<script>
  $ ( document ).ready ( function () {
    $('#fruits li:nth-child(3)').text('키위').css('background','yellowgreen');
  });
</script>
<body>
        <section id="fruits">
                <h2>과일 목록</h2>
                <ul>
                        <li>사과</li>
                        <li>배</li>
                        <li>오렌지</li>
                        <li>포도</li>
                        <li>망고</li>
                        <li>복숭아</li>
                        <li>자두</li>
                        <li>토마토</li>
                        <li>수박</li>
                        <li>참외</li>
                </ul>
        </section>
</body>
</html>
```

- 배
- **키위**
- 포도
- 망고
- 복숭아
- 자두
- 토마토
- 수박
- 참외

7. 웹에 올려진 다른 문서의 컨텐츠를 가져올 수 있나요?

 URL이 있는 문서의 내용은 **$.get()** 메서드를 사용하여 data와 status를 가져 올 수 있습니다.

```
<!DOCTYPE html>
<html lang='ko'>
<head>
<meta charset='utf-8'>
<meta name='viewport' content='width=device-width'>
<title>제이쿼리 테스트</title>
<script src="https://ajax.googleapis.com/ajax/libs/jquery/3.7.1/jquery.min.js"></script>
<script>
        $( document ).ready( functio (){
         $( "button" ).click( function(){
                $.get( "native_dom.text" , function( i, j ){
                  alert( "get()으로 받은 데이터 내용은 『 " + i + " 』\n실행상태: " + j );
                });
            });
        });
</script>
<body>
        <button>GET 요청을 보내고 결과 받기</button>
</body>
</html>
```

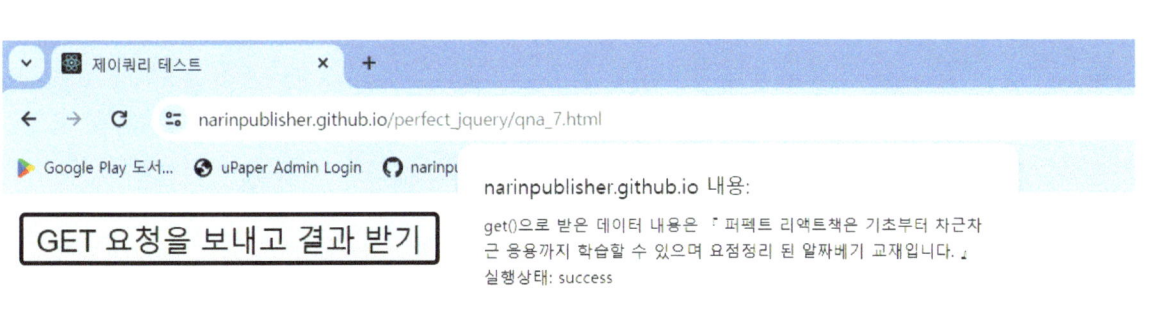

8. 드롭다운 리스트에서 사용자가 선택한 옵션의 값을 가져와서 사용하고 싶어요.

  val() 메서드를 사용하면 쉽게 드롭다운 항목의 선택 옵션 값을 가져올 수 있습니다.

```html
<!DOCTYPE html>
<html lang='ko'>
<head>
  <meta charset='utf-8'>
  <meta name='viewport' content='width=device-width'>
  <title>제이쿼리 테스트</title>
  <script src="https://ajax.googleapis.com/ajax/libs/jquery/3.7.1/jquery.min.js"></script>
  <script>
    $( document ).ready( function () {
      $( "#myChoice" ).change( function() {
        alert( $( "#myChoice" ).val() + '\n' + $( "#myChoice option:selected" ).text() );
      });
    });
  </script>
</head>
<body>
        <select id="myChoice">
                <option value="1">딸기</option>
                <option value="2">사과</option>
                <option value="3">오렌지</option>
                <option value="4">배</option>
                <option value="5">포도</option>
        </select>
</body>
</html>
```

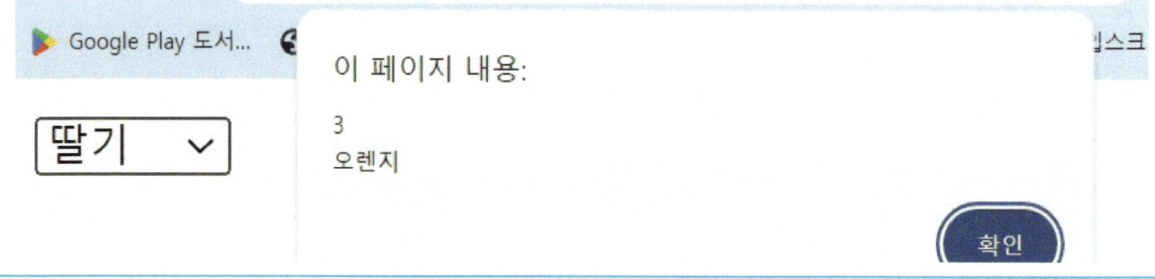

9. 특정 텍스트 박스를 비활성되게 설정하고 싶습니다.

 prop() 메서드를 사용하여 폼 태그를 비활성 또는 활성화 할 수 있습니다.

```
<!DOCTYPE html>
<html lang='ko'>
<head>
  <meta charset='utf-8'>
  <meta name='viewport' content='width=device-width'>
  <title>제이쿼리 테스트</title>
  <script src="https://ajax.googleapis.com/ajax/libs/jquery/3.7.1/jquery.min.js"></script>
  <script>
    $( document ).ready( function () {
              $( "form [type='text'] " ).prop( "disabled", true );
              $( "form [type='email'] ").prop( "disabled", false );
    });
  </script>
  <style>
        input {display:block; margin-bottom:5px;}
  </style>
</head>
<body>
        <form action="#" method='post'>
                <input type='text' placeholder='홍길동'>
                <input type='email' placeholder='이메일' required>
                <button> 확 인 </button>
        </form>
</body>
</html>
```

홍길동

이메일

확 인

questions and answers

10. 여러개의 체크박스 중에서 특정 체크박스가 선택되어 있도록 설정하고 싶어요.

답변 **prop()** 메소드를 사용하여 해당 체크박스가 선택되어 있도록 설정할 수 있습니다.

```html
<!DOCTYPE html>
<html lang='ko'>
<head>
  <meta charset='utf-8'>
  <meta name='viewport' content='width=device-width'>
  <title>제이쿼리 테스트</title>
  <script src="https://ajax.googleapis.com/ajax/libs/jquery/3.7.1/jquery.min.js"></script>
  <script>
    $ ( document ).ready( function () {
        $( "#apple ").prop( "checked", true );
        //$( "#tomato, #kiwi, #grape").prop( "checked", false );
        $('[type="checkbox"]').change( function(){
              let x =  $('input:checked+label').text();
              $('[type="text"]').val( x );
        });
     });
  </script>
</head>
<body>
    <form>
        <input type="checkbox" name="myfruits" id='apple'><label for='apple'>사과 </label><br>
        <input type="checkbox" name="myfruits" id='tomato'><label for='tomato'>토마토 </label><br>
        <input type="checkbox" name="myfruits" id='kiwi'><label for='kiwi'>키위 </label><br>
        <input type="checkbox" name="myfruits" id='grape'><label for='grape'>포도</label><br>
        선택한 과일들: <input type="text" name="myfruits"><br>
    </form>
</body>
</html>
```

☑ 사과
☐ 토마토
☑ 키위
☐ 포도
선택한 과일들: 사과 키위

맛있게 이해하는

피펫트 체이스터리